영감의 공간

여는 글
다음으로 나아가기 위한 작은 도약을 꿈꾸며

인천공항 4층에 올라가면 난데없이 나타나는 대청마루가 있습니다. 그곳의 이름은 '비선루'라고 하는데, 창문 너머 활주로에 이착륙하는 비행기들을 제법 가까운 거리에서 자유롭게 구경할 수 있는 전망대입니다. 당장 비행기를 타고 떠나지는 못해도 가끔 그곳에 앉아 출발하는 비행기, 도착하는 비행기를 하염없이 구경하다 보면 복잡했던 머릿속도 정리되고 한결 가뿐한 마음이 되더라고요. 일종의 '비행기 멍'을 하는 시간입니다.

당연한 말이지만, 잘 쉬어야 잘 일할 수 있습니다. 잘 멈춰야 잘 움직일 수 있습니다. '비선루'와 같이 특별할 건 없지만 또 다른 비밀의 아지트 같은 공간이 궁금해졌습니다. 가장 나다운 상태로 존재하면서 아이디어와 에너지를 얻는 곳, 그런 장소가 분명 누구에게나 있지 않을까요?

김겨울, 미깡, 민혜원, 박참새, 박활성, 백지혜, 신동헌, 안은별, 연상호, 원도, 윤이나, 이다혜, 이용재, 임진아, 정승민, 최재혁, 하완, 하현, 홍인혜, 황의정, 스무 명의 '작업자'에게 '영감의 공간'을 물었습니다. 여기서 '작업자'는 "일을 하는 사람"이라는 사전적 정의를 빌려

왔으며, 모두 자신의 일을 성실히 수행하고 있는 사람들입니다. 세미콜론에서 저작물을 출간한 작가, 세미콜론에서 선보이는 외서를 우리말로 옮긴 번역가, 세미콜론에서 근무한 적 있는 편집자와 디자이너까지, 총 스무 명이 선정한 스무 곳의 공간이 모였습니다. 그리고 각 글의 말미에는 그들이 작업했던 세미콜론 도서 중 밑줄 긋고 싶은 문장을 선정해 수록했습니다. 이 문장 역시 누군가에게는 '영감'이 될 수 있지 않을까 하는 마음을 담아서요.

　　세미콜론은 민음사 출판그룹의 예술, 만화, 라이프스타일 브랜드입니다. 브랜드명 '세미콜론'은 문장을 일단 끊었다가 이어서 설명을 계속할 때 쓰는 문장부호입니다. 다음으로 건너가기 위해 숨을 고를 수 있는 작고 안전한 공간입니다.

　　세미콜론은 웅크린 시간의 가치를 존중합니다. 몸과 마음의 충분한 회복을 도와 모두의 고유한 일상을 다채롭게 채우고 싶습니다. 냉장고에서 오늘 먹을 두부를 꺼내고, 뒹굴거리며 만화책 책장을 넘기고, 산책길에 멋진 풍경을 만나면 휴대폰 카메라를 꺼내 들고, 따뜻한 커피가 담긴 잔을 감싸 쥘 때 손끝에 모이는 작은 힘. 우리가 도모하는 일은 그런 것입니다.

　　2025년은 세미콜론의 첫 책 『로고와 이쑤시개』가 세상에 나온 날로부터 20년이 되는 해입니다. 사람으로 치면 어엿한 성년이 되었네요. 가장 기본으로 돌아가 '세미콜론'이 품고 있는 그 의미에 집중해보고자 합니다. 일단 멈추었다가 다시 시작하기까지의 그 작은 틈, 이 책에서 소개하는 스무 곳의 '세미콜론'과도 같은 공간이 많은 독자에게 신선한 '창의력'의 씨앗이 되어주기를 희망합니다. 망설이던 일이 있다면 용기 내어 도전해볼 '의지력' 역시도요. 일하는 시간이 우리 하루의 대부분을 차지하고 그래서 자주 지치기도 하지만, 이왕이면 의미 있고 보람차게 일하고 싶은 태도와 마음가짐은 세월이 흘러도 반짝반짝 빛날 거라고 믿습니다.

이 책을 읽으며 한번 떠올려보면 좋겠습니다. '내게 세미콜론과도 같은 영감의 공간은 어디일까?' 하고요. '이런 곳도 영감의 공간일 수 있어?' 하는 놀라움과 재미를 느끼면 좋겠습니다. 너무도 일상적이라 인지하지 못했던 나만의 공간이 어디인지, 그리고 그곳에서 비움과 채움의 순환이 어떤 모습으로 이루어지는지 되새겨보는 계기가 되길 바랍니다.

세미콜론은 이제 정직한 마음으로, 다음 20년을 약속하려 합니다. 지금까지 읽은 곳을 기억하고 언제든 다시 독서를 이어갈 수 있도록 도와주는 '책갈피'처럼, 지금까지 해온 것을 잊지 않고 다음으로 나아가기 위한 작은 도약을 꿈꿉니다.

"어제는 무슨 생각을 했나요?"
"오늘 점심엔 무얼 먹었나요?"
"내일은 어떤 책을 읽을 건가요?"
"이번 주말엔 어떤 예술적 영감이 기다리고 있나요?"

독자의 하루가 자꾸만 궁금한 세미콜론입니다. 우리는 식탁 위에, 침대 머리맡에, 손이 닿는 곳이면 어디에나 무심하게 놓여 있는 일상이 되고 싶습니다. 책마다 역할을 해내며 각자의 자리에 꽂혀 있는 책갈피처럼 자연스럽게 스며들어 존재하겠습니다.

2025년 5월
세미콜론 편집부

✳ 차례

여는 글
다음으로 나아가기 위한
작은 도약을 꿈꾸며 … 4

1장.
오롯이 홀로 머무는 공간

나의 여름 별장 • 호텔
이다혜 ··· 14

하루 종일 거기서 뭐 하냐는 물음에 대한 답 • 작업실
연상호 ··· 24

우리는 밤과 화해하기 원한다 • 침대
박참새 ··· 32

2장
취향을 실현하는 공간

마저 듣는 곳 • 현관문
임진아 ··· 44

어디서 좀 노셨군요? • 코인노래방
홍인혜 ··· 54

뜨개라는 불도저 • 뜨개 카페 귀퉁이 자리
이용재 ··· 64

도움이 필요하시면 말씀하세요 • 올리브영
원도 ··· 74

3장
몸을 움직이는 공간

오밤중에 트랙을 빙빙 돌면 생기는 일 • 망원유수지 체육공원
미깡 … 84

지구에 맞서는 우주적 도전 • 폴대
윤이나 … 94

육아와 일이라는 삶 속에서 나만의 동굴 찾기 • 요가 매트
민혜원 … 106

4장
몸과 마음을 씻는 공간

집 안의 작은 오아시스 • 욕조
하완 … 116

냉탕과 열탕 사이 • 대중목욕탕
박활성 … 126

암흑 속에서 철저히 혼자가 되어 • 샤워 부스
정승민 … 136

5장
운치 있게 거니는 공간

영업부장 C의 분투 • 덕수궁
최재혁 ··· 150

디어, 캐시 • 연세대학교 언더우드가 기념관
백지혜 ··· 160

언제 다시 오더라도 지금처럼 • 제주도 하도리 해변
황의정 ··· 170

6장
이동하는 공간

무한히 달리는 길 위에서 • KTX
김겨울 ··· 182

여전히 같은 꿈을 꾸게 하는 곳 • 모터사이클
신동헌 ··· 192

아무것도 없는 여기에 그럼에도 있는 것 • 일산대교
하현 ··· 202

어디여도 좋을, 어디론가 가야 하는 • 일본 철도
안은별 ··· 212

1장

오롯이 홀로 머무는 공간

나의 여름 별장

—

호텔

이다혜

작가. 《씨네21》 기자.
세미콜론의 책 『조식: 아침을 먹다가 생각한 것들』을 출간했다.
지은 책으로 『어른이 되어 더 큰 혼란이 시작되었다』 『아무튼, 스릴러』
『처음부터 잘 쓰는 사람은 없습니다』 『교토의 밤 산책자』 『출근길의 주문』
『내일을 위한 내 일』 『여행의 말들』 『퇴근길의 마음』 등이 있다.

성공한 경험은 사람을 망친다.

글쓰기를 업으로 삼은 사람에게 가장 자주 반복되는 성공과 실패 경험은 원고 마감이다. 나는 2000년 가을부터 주간지, 격주간지, 월간지를 만드는 일을 해왔으며 여러 권의 단행본을 출간했다. 정기간행물을 만드는 사람들 사이에서 암묵적으로 통용되는 경구가 있는데, 마감이 되면 마감은 끝난다는 말이다. 어떤 사건 사고가 있어도 날짜가 되면 마감당해 있다.

하지만 단행본 마감은 이런 방식을 따르지 않는다. 원고가 되어야, 편집이 끝나야, 디자인이 완성되어야, 인쇄가 마무리되어야 모든 것은 끝나고 최종 마감일은 계약서에 적힌 날짜나 진심 어린 약속 같은 것과는 무관할 때가 많다. 잡지 마감을 잘하는 사람이라 해도 단행본 마감을 잘한다는 보장은 전혀 없다. 마감을 계획하는 단계에서는 성공한 마감을 떠올리며 '왠지 잘할 수 있을 것 같은 기분'에 빠져든다. 마감이 다가올수록 망한 마감만이 내 마음을 사로잡고, 어느새 마감일이 지나고, 나는 "죄송합니다……"로 시작하는 메일을 쓰고 있다. 이것은 나의 마감 실패기이다.

살다 보면 어디까지가 내 의지이고 어디부터가 우연인지를 판단하기가 힘든 경험을 수시로 한다. 그런 경험은 징크스를 만든다. 최단기간에 작업을 마친 『출근길의 주문』 원고의 상당 부분을 나는 휴가 중이던 호텔에서 썼다. 명절에 가족여행으로 떠난 타이베이 시내의 호텔이었는데, 혼자 방을 쓴 나는 혼자 있을 때면 책상 앞에 앉아서 원고를 썼다.

내게는 TV를 트는 습관이 없고 가져간 엔터테인먼트라고는 노트북뿐이었다. 심지어 그 여행 당시 나의 트위터(현 엑스) 계정이 해킹되는 사고가 있었는데, 그 덕분에 트위터가 꼴도 보기 싫어진 며칠을 보낼 수 있어 SNS도 자연히 끊게 되었다. 생활감이 없는 호텔방은 어질러진 내 집 책상의 혼란으로부터 나를 해방시켰다.

조애나 월시는 『호텔』이라는 책에서 아무리 어질러도 어김없이 재정돈되는 객실의 가능성에 주목한 바 있다. 생활감이 없는 공간이라는 사실에 더해, 내가 살림을 하지 않아도 늘 새롭게 세팅되는 공간으로서의 호텔방은 평범한 근심이 끼어들 여지가 없는 곳인 듯하다. 나는 시계를 보면서 작업을 했다. 한 시간에 원고지 10장씩은 채울 수 있었다. 원고가 쌓이면 쌓일수록 잠들기엔 시간이 아까웠고, 호텔에서 아예 작업을 마치는 일도 가능하겠다는 생각마저 들기 시작했다. 원고 쓰는 기계가 된 것 같은 경험은 제법 근사하기도, 징글맞기도 했다.

한 가지는 확실했다. 써질 때 써야 했다. 문제는 이런 경험이 내가 원하는 만큼 자주 되풀이되지는 않았다는 데 있다. 나는 원고가 잘 안 풀리면 여행을 가 호텔에 머물곤 한다. 나의 오래된 미친 짓이다. 글을 써서 버는 돈보다는 글을 쓰기 위해 호텔에 쓰는 돈이 더 많은 것 같다. 『교토의 밤 산책자』나 『여기가 아니면 어디라도』 같은 여행책을 쓰던 때는 더 신나서 돌아다녔다. 여기에는 내가 운 좋게 발굴한 궤변이 있다.

작곡가 구스타프 말러는 스스로를 '여름 작곡가'라고 부르곤 했다. 낭만적으로 들리지만 실제로는 자조하는 표현이었다. 말러는 작곡보다 지휘로 먼저 이름을 알렸다. 말러의 역동적인 지휘법을 그린 캐리커처 '초현대적인 지휘자'도 있을 정도로 당대의 사람들에게는 큰 충격을 안기며 인기를 얻었다. 부다페스트와 함부르크에서 음악감독직을 역임하면서 유럽 음악계의 주목을 받게 된 그는 인생 최고의 전성기라 할 수 있는 궁정 오페라극장 음악감독의 자리에 오르며 승승장구했다.

문제는 작곡을 할 시간을 도통 낼 수 없다는 데 있었다. 말러는 오케스트라 시즌이 끝나자마자 여름 별장을 찾아 작곡에 전념했다. 나는 이 이야기를 좋아한다. 내가 가장 좋아하는 곡들이 마이에르니히에 있는 여름 별장의 산물이기 때문이다. 그곳에서 말러는 교향곡 제4번, 5번, 6번, 7번, 8번을 작곡했다고 알려져 있다.

애석하게도 여기서 이야기가 갑자기 도약하는데, 직장인으로 살면서 작가로 글을 쓰는, '휴가 동안의 나'에 대한 판타지가 내 안에서 무럭무럭 자라났다. 내가 간과한 것은 말러의 휴가가 두 달여였으며 나에게는 오스트리아 호숫가에 새로 지은 별장이 없다는 사실이었다. 가장 중요하게는 내가 말러가 아닌데! (절규) 어쨌든 알려진 바에 따르면 말러는 꼭 필요한 가구만 갖추어놓은 소박한 오두막에 철저히 은둔하며 스스로를 고립시켰고, 침묵 속에서 교향곡을 차곡차곡 완성시켰다.

나는 그런 이상적인 고립을 실현시킬 장소로 여행지의 호텔을 떠올렸다.

계획은 이렇다. 노트북을 들고 여행을 떠난다. 한적하고 자연에 가까운 곳이면 더 좋다. 이른 아침에 일어나서 호텔 근처를 한 바퀴 산책하고, 오전 중에 호텔에서 글을 쓰고, 나가서 밥을 먹고 들어와서 다시 글을 쓴다. 하루에 여덟 시간만 집중해서 일해도(계획을 세울 때의 나는 언제나 최상만을 상정한다.) 성과가 좋으리라 예상된다. 계획은 언제나 어긋난다. 그럼에도 나는 희망을 버리지 못한다.

    일행과 방을 함께 쓰는 여행이 아니라면 나는 여전히 호텔에서의 작업을 염두에 두고 노트북을 챙긴다. 호텔 방에서 수없이 노트북을 켰다. 비록 인터넷을 켜고 트위터에 들어간 뒤 정신을 차려보면 사라져버린 시간을 자각하고 울며 잠들곤 했지만 맹세코 단 한 번도 마음 편히 잠들어본 적이 없다. 구스타프 말러가 빙의하기에는 주말을 낀 2박 3일, 여름 휴가를 요령껏 길게 써도 열흘 정도의 말미로는 원고다운 원고를 해내기가 거의 불가능하다. 그럼에도 불구하고 『출근길의 주문』이라는 '호텔에서 마감 성공'의 경험까지 더해지고 나자 원고가 안 풀릴 때 호텔에 처박히고 싶은 마음을 억누르기가 어려워지는 것이다.

    일본어에 칸즈메(缶詰, かんづめ)라는 표현이 있다. '통조림'이라고 번역되는데, 마감을 못하는 작가를 어딘가에 가둬두고 글을 쓰게 하는 것을 뜻한다. 비밀 등이 누설되지 않게 하기 위해 관계자를 일정한 기간 동안 일정한 장소에 가두어두는 것 역시 통조림에 해당한다. 대학수학능력시험 출제위원이 합숙소에서 지내는 한 달도 여기에 포함된다.

    내가 '통조림'이라는 단어를 쓸 때는 대체로 '원고 마감을 위해 나 자신을 호텔에 가둔다.'는 의미다. 상식적인 방법이 통하지 않을 때(거의 항상 그렇다.), 그러니까 집에서 매일 꾸준히 원고를 쓰는 방식이 통하지 않을 때 집이 아닌 어딘가로 향하고, 일상의 모든 것을 바꾸는 동시에 극히 단순화시킨다. 예상보다 처참한 진도라 해도 집에 있을 때보다는 능률이 높아지는데, 원고를 쌓아가다 보면 왜 이걸 집에서는 하지 못했을까 탄식하게 된다.

하지만 어쩔 수 없었다. 다른 방법이 있다면 굳이 집을 떠나지 않았을 테니까. 내가 아무리 집에서 멀리까지 떠나도 나 자신을 데리고 가는 한 어디에서도 원고는 저절로 써지지 않는다는 치명적인 문제점만 어떻게 하면 더 좋으련만.

일본 건축가 엔도 케이는 일러스트와 글이 어우러진 『도쿄 호텔 도감』이라는 책에서 유명 작가들이 원고를 마감하기까지 '통조림'을 당한 역사를 지닌 야마노우에 호텔을 소개했다. 호텔이 고서점과 출판사들이 많은 지역에 위치해서 벌어진 일이었는데 "로비는 작가의 원고를 기다리는 편집자로 북적였다고 한다.". 엔도 케이는 건축가가 설계한 공간을 운영 시간 제한 없이, 가장 사적인 방법으로 체험할 수 있는 곳으로서의 호텔이라는 공간에 주목했다. 그가 줄자를 꺼내 들고 구석구석을 실측해 그린 일러스트를 자세히 들여다보고 있자면 '작가놈들 어지간히 호강했구만.' 하는 생각이 들기도 한다. 야마노우에 호텔이 꽤 호화로운 데다가 방에는 "글이 잘 써질 것 같은 책상"도 있기 때문이다.

내가 호텔에서 글을 쓴다고 말은 했지만 작업 공간(책상과 의자)이 제대로 갖추어진 곳을 찾기는 만만치 않다. 비즈니스 호텔이라면

TV가 놓인 좁다란 공간에 구겨 앉거나, 많은 경우 조식당으로 쓰이는 로비의 창가 구석에 앉아야 했다. 침대에 기대서 노트북을 두들겨야 하는 협소한 공간인 경우도 많았다. 어느 쪽이든 간에 '굳이' 돈을 써서 여기까지 왔으니 그냥 돌아갈 순 없다는 투지가 생긴다. 하지만 역시 불편함이 사라지지는 않아서, 왜 편한 집을 놔두고 여기까지 왔을까 하는 존재론적 고민을 부질없이 하게 된다. 이 글을 쓰면서 돌이켜보니 아무리 봐도 악순환이라는 생각만 드는데 그건 기분 탓이겠지…….

구스타프 말러의 마이에르니히 시절은 영원히 지속되지 않았다. 궁정오페라극장에서 보낸 10년은 그의 음악 인생의 절정기이기는 했지만 여름 별장의 산물인 교향곡들은 평론가들의 악평에 시달렸다. 반유대주의적인 공격 역시 그를 괴롭혔다. 가장 널리 알려진 말러의 말이 "언젠가 나의 시대가 올 것이다."인 이유이기도 하다.

1907년 마이에르니히에서의 마지막 여름 휴가 중에는 알마 말러와의 사이에서 낳은 첫째 딸 마리아가 성홍열과 디프테리아로 사망했다. 말러 자신도 심장병이라는 진단을 받았다. 그해, 그는 궁정오페라극장 일을 그만두고 뉴욕으로 떠났다. 뉴욕에서 지휘자로서의 커리어는 짧게 막을 내렸고, 유럽에 돌아와서는 알마의 외도를 알게 되었으며, 그후 미국과 유럽을 오가는 활동을 이어가던 그는 1911년 교향곡 10번을 완성하지 못한 채 세상을 떠났다.

개운하게 마감을 하지 못하는 시간을 길게 보내며 내가 호텔을 마감의 전당으로 삼은 이유가 구스타프 말러였다는 사실도 가뭇없이 잊어가고 있었다. 시간을 쪼개 살아야 하는 사람은 공간을 바꾸는 방식으로 시간을 만들어낸다. 마감을 못하는 사람은 도움이 될 것 같은 방법이라면 무엇이든 끌어다 쓴다. 여행을 좋아하는 사람은 여행을 떠날 이유로 아무거나 믿어버린다. 내게 중요한 것은 구스타프 말러도 호텔도 아니었음을 이제는 안다. 하지만 여전히, 나는 내가 쓴 많은 글을 그 둘에 빚지고 있다고 믿는다.

자기 전에 아침을 궁리하며 냉장고 안을 들여다보고
준비를 간단히 마친 뒤 씻고 침대에 눕는 순간,
드디어 하루가 마무리된다는 생각에 신이 난다.
부디 내일 아침에도 이런 기분으로
가뿐하게 시작할 수 있기를.
굿나잇, 그래야 굿모닝.

『조식: 아침을 먹다가 생각한 것들』 187쪽

하루 종일 거기서
뭐 하냐는 물음에 대한 답

—

작업실

연상호

영화감독. 애니메이션 제작사 '스튜디오 다다쇼' 대표.
세미콜론의 책 『얼굴』을 출간했다.
지은 책으로 『지옥』 『계시록』 등이 있다.

나의 하루 일과의 시작은 항상 일정하다. 오전 7시 30분이 되면 첫째 아이의 휴대폰 알람이 울리고 그 신호에 함께 일어나서 일과를 시작한다. 둘째 아이가 일어나서 아침을 먹기 시작할 때쯤 첫째 아이를 학교 앞까지 데려다주기 위해, 아내와 둘째 아이에게 인사를 하고 오전 8시 30분에 첫째 아이와 함께 집을 나선다. 이제 초등학교 4학년이 된 첫째 아이와 학교에서 있었던 이런저런 일들에 대해 이야기를 나누며 첫째 아이를 학교 앞까지 데려다주고 집 근처 나의 작업실로 향한다.

나는 이야기를 쓰고 만드는 일을 한다. 물론 그 이야기를 영화나 시리즈 형식의 영상으로 만들기 위해 프리 프로덕션이나 촬영을 하러 나갈 때도 있지만, 내 일과 중 가장 많은 시간을 차지하는 건 이야기를 만들어내는 일이다.

이야기를 만들어낸다는 것은 매일매일 하는 출근 횟수와 컴퓨터 앞에서 글을 쓰는 노동시간과 비례하지 않는다. 어떤 이야기를 써야 할까, 어떻게 써야 재미가 있을까. 답이 존재하는지도 확실치 않은 질문을 끊임없이 해야 하는 일을 위해 매일매일 출근 도장을 찍는 행위는 나에게 그래도 최선을 다하고 있다는 심리적 마지노선 같은 것이다.

작업실에 출근해 이야기의 실마리를 단 한 줄도 풀지 못하고 썼다 지웠다만 반복한다. 아무 성과 없이 스스로와의 싸움에서 진 패잔병처럼 집으로 돌아오는 날이 대부분이다. 그래서 내 작업실은 내 직업의 작업장이자 전쟁터와도 같다. 그리고 내 현 상황을 대변하는 나의 내면 그 자체이기도 하다. 순전한 나의 공간이자 내가 좋아하는 것들이 두서없이 널브러져 있는 나의 내면.

작업실에는 내가 좋아하는 만화책과 소설책, 그리고 내가 사랑했던 영화들의 블루레이 그리고 영화 캐릭터의 피규어, 장난감의 집합체가 있다. 마치 창작을 관장하는 신을 달래서 단 한 줄이라도 쓰기 위해 그를 위한 토템 같은 것들을 모은다는 마음으로 내가 사랑하는 작품들의 이런저런 잡동사니를 잔뜩 모아놓는다. 내가 좋아하는 모든 것의 잡동사니가 적어도 나에게는 지독한 나태와 머릿속이 텅 비어버린 것 같다는 불안감을 막아주는 일종의 부적인 셈이다.

작업실에서의 승부는 맨 처음 컴퓨터를 켠 순간부터 시작된다. 기획을 시작할 때는 두서없이 쓴 아이디어를 다시 읽어보며 일을 시작한다. 그리고 확신이 생길 때까지 글로 표현한 아이디어를 다시 읽어보는 일을 반복하고 그 확신이 좀처럼 생기지 않아 조급하고 다급해지면 친한 친구들에게 전화해보는 단계로 접어든다. 같은 일에 종사하고, 내가 믿을 수 있으며, 나를 인정해주는 친구들에게 전화해서 아이디어를 간단히 피칭해본다. 그 과정에서 친구들이 아이디어에 대해 단 한 부분이라도 장점을 이야기해주면 그 아이디어에 대해 신뢰를 조금씩 쌓게 된다. 확신까지는 아니더라도 신뢰 같은 것이 조금씩 쌓이면 좀 더 구체적인 방식으로 이야기를 써본다. 만일 아니라면 모든 것을 처음부터 다시 시작해야 한다. 혹은 모든 것을 멈추고 머릿속을 다시 원점으로 리부트하려 노력한다.

머릿속을 리부트하는 방법은 여러 가지다. 한동안 프라모델을 잔뜩 구입해놓고 머릿속을 리부트해야 하면 그 프라모델 중 아무거나 붙잡고 조립을 시작했다. 조립 설명서를 펼쳐놓고 주의사항 같은 것을 꼼꼼하게 읽어보며 프라모델을 조립하는 것이다. 프라모델을 조립하다 보면 이 프라모델을 디자인하고, 기획하고, 많은 사람들이 설명서를 보는 것만으로 조립할 수 있게 만든 프라모델 회사 사람들에게 감탄하게 된다. 그런 것들에 내가 지금 하고 있는 일과의 동질성 같은 것을 느낀다. 그리고 머릿속 아이디어를 다시 한번 생각해보게 된다.

프라모델을 만드는 행위에 지쳐갈 때쯤 하기 시작한 것이 기타를 배우는 것이었다. 통기타를 하나 사서 독학할 수 있는 기타 교본을 산 뒤 그것을 보면서 기타를 쳐본다. 기타 연주 역시 반복해서 숙달해야 하는 일이고 잘될 때의 충족감과 안 될 때의 절망감이 오간다. 그리고 어떻게든 그것을 해내려고 노력하는 자신을 발견할 때쯤 머릿속이 깨끗해진다. 고민하던 아이디어를 다시 한번 냉정하게 바라볼 수 있는 시선을 가지게 된다.

그 외에도 좋아하는 영화 보기, 게임 하기 등등 머릿속을 비우기 위한 여러 가지 장비가 작업실엔 즐비하나. 얼마 전에는 꽤 큰 TV와 사운드 바를 샀다. 그리고 그곳에서 어릴 때부터 내가 사랑했던 영화를 하나하나 다시 보고 있다. 그러다 아이디어에 대한 자신감과 확신 비슷한 것들이 채워져서 한번 써봐도 되겠다고 결심하면 대본의 형태로 쓰기 시작한다. 물론 대본 쓰는 일은 괴롭다. 하지만 '사실은 매일 놀기만 할 뿐 아무것도 안 하고 있다.'는 자괴감에서는 벗어나게 된다.

대본을 쓰기 시작하면 계속 대본에 대한 생각이 머릿속에서 뻗어나가, 일상 생활에서도 대본에 대해 계속 생각한다. 작업실을 벗어나 집으로 돌아가 아이들과 놀 때면 문득문득 지금 뻗어나가고 있는 이야기에 대한 아이디어가 떠오르거나 해결이 안 되던 부분이 해결될 때도 있다. 그럴 때는 휴대폰에 간단하게 메모한 후 작업실에 출근할 시간만 기다린다. 그리고 평소처럼 같은 시간에 출근해서 컴퓨터를 켜고 자신 있게 쓰기 시작한다.

　　그럴 때야말로 정말 보람찬 하루가 되겠다는 느낌이 든다. '오늘은 하루를 의미 있게 마무리할 수 있겠구나. 프라모델을 만들거나 게임이나 하다가 집에 들어오는 하루가 아닌, 조금이라도 이야기의 진도를 낼 수 있겠다.'라는 기대감. 하지만 늘 그 기대감이 맞는 것은 아니다. 결국 한 시간도 못 되어 어제 기가 막히다고 생각했던 전개 방식이 실제로는 대본에 적합하지 않음을 깨닫는 순간. 다시 원점으로 돌아온다. '다시 패잔병이 되겠구나.'라는 절망감 같은 것이 밀려온다.

　　창작 일에 종사하지 않는 사람이나 친구가 가끔 나에게 묻는다. "하루 종일 작업실에 가서 뭘 하냐?" 그때야말로 대답하기 곤란한 순간이다. '프라모델을 만들기도 하고, 게임을 하기도 하고, 기타를 혼자 치기도 하고, 영화를 보기도 한다. 그러다 정말 가끔 뭔가를 쓰기도 한다.' 이런 식의 대답 말고는 할 말이 없는 작업실 일상을 보낸다.

★ ★ ★

집에서 걸어서 5분도 안 되는 거리에, 바로 옆에 편의점 하나와 커피숍 하나 외에는 전부 주택뿐인 엄청나게 조용한 동네에 내 작업실이 있다.

이 작업실에 이사를 와서 작업한 지도 이제 10년이 되었다. 그 10년 동안 화장실이 동파된 적도 있고 에어컨이 갑자기 고장나서 찜통이 되어버린 적도 있었지만, 대부분의 시간 동안 이곳은 나의 가장 편한 공간으로 점점 변화해왔다. 말 그대로 글을 쓰지 않으면 아무 문제도, 할 것도 없는 공간으로 진화를 거듭한 것이다. 이 공간은 연상호라는 개인을 창작하는 것에 게으름 부리지 않게 압박하는 용도로 변모해왔고 지금도 아주 조금씩 변화 중이다. 한 나태한 인간이 스스로 이유를 찾아 무언가를 써 내려가도록 만들기 위해 이 공간은 끊임없이 변화하고 진화해온 것이다.

동경하던 창작 일을 업으로 삼고 있는 지금, 나의 작업실은 나의 일터이자, 괴로움과 희열, 감사와 저주가 늘 반복되는 공간이자 내가 가장 나답게 있을 수 있는 나의 내면이다. 그곳에서 나는 인생의 많은 부분을 보내고 있다.

"어머니를 위해 제대로 울어줄 사람 한 명이 없네요."

『얼굴』73쪽

우리는 밤과 화해하기 원한다*
―
침대

박참새

집필 노동자. 시인. 제42회 김수영문학상을 수상했다.
세미콜론의 책 『출발선 뒤의 초조함』 『시인들』을 출간했다.
지은 책으로 시집 『정신머리』가 있다.

우리를 아래로 당기는 힘이 우리 모두를 지탱한다. 역설적인 방향으로 흐르는 이 힘의 작용 때문에 우리는 적당히 살아 있을 수 있게 된다. 너무 홀가분해 쉬이 날아가지도 못하고, 뜨겁게 끝없이 아래로 향하게 하지도 못한다. 도약도 추락도 허락하지 않는 이 힘이 우리를 땅 위에서 살게 하고 또 걷게 했다. 존재에 비례하여 적용하는 이 힘은 공평하기까지 하다.

하지만 나는 종종, 누워서 이런 생각을 한다. 내가 너무 오래 많이 누워 있는데, 혹시 나에게만 이 힘이 조금 더 작용하고 있는 것이라면? 누워서, 누워서 이런저런 생각을 하다 보면 이런저런 생각에도 엄청난 포용력이 생기고 그리하여 나는 나에게 관대해진다. 슬프고 우악스러운 방향으로. 나는 내가 오래 누워 움직일 수 없게 된 시간에 대해 그런 식으로 변명하게 되었다. 미약하나 너무나 확고한 중력이 내게 조금 더 작용하는 것이라고. 그리고 어떤 힘은 내 몸을 벗어나 있어서 누구도 넘볼 수 없게 된다고.

나와 함께 사는 짐승은 태생적으로 잠이 많다. 그들과 여러 번 함께 실있지만 잠든 모습을 볼 때마나 딜컥 겁이 난나. 너무 끈히 삼들어서 다시는 깨지 않을 것처럼 매분 매초 새근새근 잔다. 잠에 들지 않았어도 잠에 든 것처럼 나를 깜빡 속일 때도 많다. 졸리지 않아도 계속 눈을 감고 있기도 하다. 나는 그런 그를 볼 때마다 슬프다.

잠이 많아 슬픈 짐승. 틈만 나면 누워 눈 감고 있으려던 나를 보

＊엘제 라스커 쉴러의 시집 제목

침대

33

고 이제는 다그치지 않고, 제발 천장이 아닌 자기를 보고 있기만 하면 안 되냐 설득하던 엄마의 얼굴이 아직 어색하다. 나는 잠이 많아, 그냥 누워 있는 거야, 그렇게 슬픈 눈으로 나를 보지 마. 자려는 나와 깨어 있으려는 엄마가 각자의 서운함을 가지고 조금씩 멀어진다. 그런 장면들이 머릿속에서 계속 재생된다. 재생되는 동안 나는 누워 있었고 누워 있는 채로 잠자는 나의 짐승을 바라보고 있다. 엄마는 나를 보고, 나는 그를 보고. 눈 감은 얼굴과 사지를 뻗은 누운 몸에 속절없이 겁먹게 되는. 언제나 한 방향으로만 작용하는 힘이 또 존재한다는 것에 속절없이 죄스럽다. 그 누구도 그 누구를 깨우거나 일으킬 수 없다.

일어설 수 없다면,
계속해 일어설 수 없다면,

나는 조금씩 더 많은 행위를 침대에서 하기 시작했다. 일어설 수 없었기 때문이다. 두 발로 땅을 딛고 서 있는 일보다 등뼈를 곧게 누이고 있는 일이 훨씬 자연스럽게 느껴지기 시작했다. 내 몸의 기운도 더욱 납작이 흐르기 시작된 것 같았다. 적응해간다고 느꼈다. 서서 혹은 앉아서 진행되었던 일들 역시 조금씩 넙데데해졌다.
방 한쪽 면을 가득 채울 만큼 높았던 책장에는 오래도록 읽지 않을 책들만 꽂아두기 시작했다. 위로만 높아지는 책의 기둥에게 무관심해졌다. 나는 책의 등이 보이도록 그것을 낮고 곧게 세워두었다. 방바닥을 가로지르는 책의 행렬이 빠르게 형성되었다. 낮은 산. 잠을 많이 자는 나의 슬픈 짐승도 한걸음에 너끈히 오를 수 있는 낮디낮은 산.

　오래 누워 지낼수록 나를 둘러싼 지평선이 만들어지는 듯했다. 무언가를 먹고 바로 누워도 체하지 않았고 어떨 때에는 누운 채로 우물거리며 여러 끼니를 해결해도 괜찮았다. 침대에서 더 많은 일을 할수록, 혹은 하지 않을수록, 사실은 내가 침대에서 무엇을 할 수 있는지 아닌지 여부와는 전혀 관계없이, 침대에 있는 누군가는 계속해 슬퍼지는 것 같았다. 침대에 있는 게 내가 아닐 때에도 그랬다. 침대에 있으면서 침대를 벗어나지 않은 채로 침대를 제외한 모든 세상을 샅샅이 관음하면서 나는 나 말고도 일어설 수 없는, 그래서 누워 있는 채로 반드시 무언가를 해야만 하는 사람들을 상상하기 시작했다.

　누운 채로 투쟁하고 소리치고, 엎드린 채 저항하며 납작하게 파생하는. 질책하는 시간만큼 귀를 기울이는 시간 역시 조금씩, 아주 조금씩 많아졌다. 누운 채로 기록된 모든 상태의 이야기가 나를 조금씩 불편하게 했다. 가만히 누워만 있다는 자각은 사적인 질책의 영역을 서서히 벗어나기 시작했고, 그것이 침대 모서리에 아슬히 걸쳐 있을 때마다 무언가를 쓰기 시작했다. 방금 내 안의 무언가가 침대 밖으로 나가려 했다는 사실을 적시하고 싶었던 것 같다.

　그런 느낌은 시간을 가리지 않고 찾아왔지만 정신을 차려보면 대부분 밤이었고, 나는 잠이 오거나 손이 아플 때까지 오늘 있었던 '누워 있음'에 대한 거의 모든 면모들을 다 적었다. 나는 거의 매일 다른 이유로 뒤척였다. 그리고 비슷한 말들을 썼다. 팔을 뻗으면 며칠

내 끼니 대신 먹은 온갖 식품들의 잔해 대신 도톰한 일기장이 있었다. 지겹도록 누워 있는 사실이 처참하게 느껴질 때마다 무언가를 적어 내려가곤 했다. 어떤 밤엔 끊임없이 써서 혹시 이 글이 멈추는 순간 나는 벌떡 일어나 직립된 일상을 살게 되는 것 아닐까 착각하곤 했다. 하지만 손이 멈추는 순간엔 언제나 눈물이 함께였고 나는 더 깊은 침대라도 있는 것처럼 온 힘을 다해 몸을 아래로 누르듯 새롭게 뻗어 있을 뿐이었다.

평균 취침 시간
12시간 46분
2022년 8월 7일 ~ 2023년 2월 4일

하지만 일어설 수 없다면, 일어서지 않은 채로도.

어떤 순간엔 스스로 받아들이고 있다는 생각을 하게 됐다. 그런 생각을 할 때 내가 누워 있지 않기도 했다. 그러니까 침대, 그곳에 누워서 지내고 잘 지내지 않고 하던 시간이 자꾸만 두터워져서 나는 그곳이 아닌 곳에서도 혹은 계속해 그곳이어야만 한다면 그곳에서라도 어떤 방법 같은 것을 터득하고 싶었다. 나는 여전히 침대에서 보내는 시간이 지극히 많았지만 무언가가 서서히 줄어들고 있었다. 도망치기 위해 눕는다는 사실을 영원히 알면서도 한편으로는 다시 돌아오려고 달아나는 게 아닐까 하는 그런 사소한 의심도 들었다.

　쓰게 되는 글보다 써야 하는 글이 조금씩 쌓여 늘어갈 때마다 나는 반드시 누웠다. 잠에 들지 못해도 정신은 꼭 도망가 있는 채로 몇 시간씩 누워 있다가 일어나면, 나는 생각보다 빠르게 글을 쓸 수 있었다. 일어날 수 없을 때에도 나는 쓸 수 있었다. 온 마음을 다해. 무언가가 쓰여지지 않고 있더라도 어떤 것은 반드시 내 안에서 끊이지 않고 계속되었다. 어떤 때에는 그것을 옮겨 쓰기만 하면 된다고 착각하기도 하였다.

　침대의 위치를 자주 바꾼다. 어떤 시기에는 침대를 거실에 두기도 했다. 집의 가장 큰 창문 너머로 보이는 거의 모든 것을 눈으로 훑으면서, 역시 누운 채로, 그렇게 오래 지내기도 했다. 지금은 집의 가장 외로운 구석으로 옮겼다. 소용을 찾지 못해서 거의 버리다시피 한 곳이었다. 위쪽으로만 치솟던 그 높디높은 책장이 있는 곳이기도 하다. 읽고 싶은 책과 읽다가 만 책 그리고 읽어야만 하는 책을 아무렇게나 침대맡에 두지 않는다. 세로로 뻗은 책장에 둔다. 가지런히 포개어 둔다. 그렇게 둬버리고 다시 눕는다. 눈을 감고 쓰기 시작한다. 농담보다 선명한 꿈들이 가지런히 포개어진다. 하얀 종이 위로, 사근한 이불 사이사이로.

　그렇지만 언제나처럼 계속해 일어날 수 없을 것 같다면,

그런 기분이 기어코 든다면, 이제는 더 이상 이길 수 없을 것 같다면,

침대 그것의 모든 피부를 벗긴다. 세탁을 하고, 다른 문양과 다른 질감의 피부로 새로이 갈아입힌다. 그러면 꼭 다시 태어나는 것만 같다. 침대 그것이 아니라 내가. 사실은 침대도 나도, 그 누구 하나 새로 나는 일이 없을 텐데도 꼭 그러하리라 하는 굳건한 믿음을 가지게 되고, 무던했던 마음들이 하나둘씩 제자리로 돌아오는 기분이다. 사실 이 역시도 사실이 아니며 어쩌면 또 고약한 버릇이 단단히 자리 잡으려는 징조일 수도 있지만.
하지만 그 역시도 내게는 중요한 사실이고 나는 일어설 수 없을 때마다 이토록 작고 견고한 착각들이 필요했을 뿐이다. 이것은 패배가 아니다. 어쩌면 지속이고 전진이며, 그럼에도 차차 망가지는 기분이 드는 이유는 그곳에서 바로 새살이 돋기 때문일지도 모른다.

다음 페이지를 넘길 차례이다.
종이 한 장 갈라 잡아 들어 올린다.
하얀 덤불이 솟구친다.
의식하지 않은 채로 손가락의 완력을 내내 유지한다.
단 한 장의 종이도 놓치지 않는다.
종이 넘어간다.
다음 페이지로 넘어온 이후이다.
손가락의 신경이 서서히 사그라드는 것을 느낀다.

종이의 파도 역시 완연히 잠들었다.
나란히 눕는다.

여분의 중력, 그것은 사실 내내 내 손 안에 있었다. 그렇게 주어진 힘으로 매일 새롭고 낡은 종이를, 영원히 마르지 않을 펜을 들었다가 놓아준다. 일으키고 다시 누인다. 일어설 수 없어서 나는 그래야만 했다.

침대

이 시대에 시를 읽는다는 일이 아무런 쓸모가 없을지도
모른다는 것을, 나는 매우 잘 알고 있다.
그럼에도 한구석에서는 반드시 읽어야 하는 사람들이
끝끝내 모여 살벌하게 살아 있어야 한다고도 믿는다.
시가 세상을 구하거나 망하게 할지는 알 수 없지만,
우리를 쥐고 흔들 수 있다는 것은 안다.
그러니 시 앞에서 나는 마음껏 조이고 흔들리고 싶다.

『시인들』 7쪽

2장

취향을 실현하는 공간

마저 듣는 곳

—

현관문

임진아

삽화가. 에세이스트.
세미콜론의 책 『팥: 나 심은 데 나 자란다』 『할 수 있는 일을 하고 있습니다』(공저)
『아니요, 그건 빼주세요』(공저)를 출간했다.
지은 책으로 『빵 고르듯 살고 싶다』 『아직, 도쿄』 『사물에게 배웁니다』
『오늘의 단어』 『읽는 생활』 『듣기 좋은 말 하기 싫은 말』 등이 있다.

나갈 일이 있다는 건 이동하는 시간 동안 노래만 들을 수 있다는 걸 뜻한다. 적어도 나에겐 그렇다. 매해 서울시립 북서울미술관에서 열리는 서울아트북페어에는 참여하거나 구경하기 위해서 방문하는데, 서울의 서쪽에 위치한 마포구에 사는 나에게 북서울미술관이 있는 노원구행은 긴 여행을 떠나는 마음가짐을 필요로 한다.

몇 해 전, 서울아트북페어 행사 참여를 앞두고 준비를 단단하게 했다. 행사 준비가 아닌 가는 동안의 나를 위한 준비였다. 책 행사 계절에 어울리는 노래를 고르고, 지하철에서 읽을 책 후보 몇 권을 정해두는 식이다. 혹시 몰라 전자책 기기에 만화책도 받아두었다. 여행을 떠나기 전에 그 도시에 어울리는 플레이리스트를 정리해두는 것과 같은 패턴이다. 그때 친구에게 연락이 왔다. 서울아트북페어에 가려고 하는데 가는 길이 심심하니 만나서 같이 가자고.

"진아 씨한테도 멀죠? 혼자 가면 너무 심심하잖아요."

심심할 거란 생각은 요만큼도 하지 못했다는 자각이 그제야 들었다. 오히려 혀를 내밀며 신나게 노래를 고르던 나였으니까. 혼자 가는 재미와 둘이 같이 가는 재미는 다르기에 좋다고 답했다. 그러나 낮일에 친구로부터 출발 시간이 늦어졌다며 같이 가기 어렵겠다는 연락을 받았고, 결국은 예정대로 혼자서 지하철 여행을 했다. 이동 수단에 기꺼이 몸을 맡긴 채 들으려던 노래를 가만히 듣다가 문득 혼자 올 친구의 잠잠함을 상상했다. 사람은 정말 다르구나. 당연하게도.

어째서 나는 바깥에서 혼자 다니는 일을 좋아하고 오히려 마음이 놓일까. 어렸을 때부터 혼자 있기 위해 외출하기 시작한 사람이어서 그럴까. 자기 방 하나 없이 지내는 일상에 익숙해진 사람은 집 밖을 내 방 삼으며 지낼 줄 안다. 집에서도 밖에서도 어디서나 혼자 있을 수 없다면야, 스치듯 안녕을 하며 다시 볼 일 없는 타인과 있는 장소가 편하게 다가오기도 한다. 좋아하는 노래들로 소음을 차단한 채 가만히 있어도 아무도 쳐다보지 않고 말을 걸지 않는 곳. 그러기 위해 밖으로 나와 몸을 이동시키다가 터덜터덜 느지막하게 귀가를 하며 살았다.

　그 누구도 아닌 나랑 잘 있기 위해 외출을 하고, 마음을 들여다보기 위해 카페에 가고, 버스를 한참 타야만 갈 수 있는 책방에 일부러 가고, 그러기 위해 바깥에서 듣기 좋은 노래들을 미리 챙긴다. 혼자서도 밥을 잘 먹고, 영화관에 혼자 가는 일이 얼마나 마음 편안한 일인지를 알고, 급히 집에 갈 필요를 못 느끼는 탓에 혼잡한 버스는 그냥 보내는 만큼의 여유는 있다. 듣기 좋은 노래를 몇 번 더 들을 수가 있으니까. 버스에 서서 듣기보다는 어느 자리든 좋으니 앉아서 창밖을 바라보며 듣고 싶다. 그런 시간을 보내야만 방이 있는 사람처럼 나랑 단둘이 멍한 시간을 보낼 수 있으니까.

　세상 모든 사람에게 방이 있다면. 초등학교에 다닐 적에 나는 오빠가 아직 들어오지 않은 빈 방에서, 모처럼 나 혼자 있던 방에서 조용히 읊조렸다. 밤에 가까워지는 저녁이었다. 오빠의 침대 옆에 깔아둔 나의 이불 위에 앉아 가로등조차 반쯤 가려져 덜 빛나던 창문을 향해 두 손을 모으고서 두 눈도 꼭 감았다.

　그때 별안간 방문이 열렸는데, 오빠가 아닌 엄마였다. "불도 다 꺼놓고 뭐해? 기도해?" 아무리 어린 사람이어도 자기만의 시간을 들켰을 때 어색한 감정을 느낀다. 무엇을 그리 빌었냐는 질문이 이어지자 이미 발각된 기도 앞에서는 결코 거짓을 고할 수 없었기에 사실대로 말했다. "내 방을 갖고 싶다고……." 살짝 열린 문틈 사이로 엄마는 겸연쩍은 표정으로 웃었다. 그로부터도 한참 동안 우리 집에는 내 방이 없었다. 돌이켜보면 자기만의 방이 있는 사람은 우리 가족 중 아무도 없었다.

　혼자 긴 시간 돌아다니다가 집으로 돌아올 때면 유독 노래가 잘 들린다. 노래와 지내는 '바깥 방'에서 멀어지는 아쉬움에. 버스에서 듣던 노래는 골목 어귀를 지나면서도 이어지고, 아무리 걸음을 늦춰도 결국 집에는 금방 도착한다. 노래는 아직 더 남았는데 집에 도착해버리면, 현관문 앞에 그대로 서서 동작을 멈춘다. 아직 문을 열 수가 없다. 노래가 끝나지 않았으니까. 현관문은 내게 마저 듣는 곳, 노래만 듣는 시간이 흐르는 곳이었다.

　혹시 자기만의 방이 있어서 그곳에서 이어폰을 깊게 귀에 찔러 넣고 볼륨을 높여 노래를 듣는다면 이렇게나 진하게 들리지 않을까. 그런 상상을 할 틈도 없이 노래만이 주는 힘을 고스란히 느끼며, 나는 송송 그렇게 현관문 앞에 서서 노래를 마서 들었나. 불이 나 써진 현관문 앞, 집에 들어가기 직전에 듣는 노래는 아무리 많이 들은 노래라도 그간의 감정선과는 다르게 울려 퍼진다. 사방으로 달아나기 바쁘던 노래더라도 현관문 앞에서만큼은 아주 둥근 덩어리가 되어 현관문 앞에 서 있는 나만을 응시하는 것 같았다.

　누군가에게 담배 한 개비의 시간이 있다면, 내겐 현관문 앞의 음악 시간이 있는 것이다. 고등학생일 때도, 대학생일 때도, 사회 초년

생일 때도, 집을 나와 독립하기 직전까지 그랬고, 그리고 나만의 작업실, 일상이 겹치는 동거인이 생긴 지금도 종종 노래가 덜 끝난 때를 만나면 현관문 앞에 가만히 서 있다가 현관문을 연다. 듣고 싶어서 들은 노래 한 곡이 애써 흘러 여기까지 왔는데 중간에 끊어버려야 한다는 게 참 어려워서. 혹여 그럴 여유가 없는 상황이라면 내 힘으로 노래 볼륨을 서서히 줄이며 노래와 멀어진다. 마치 라디오에서 듣다가 시간상의 문제로 금방 끝난 곡인 것처럼. 이토록 평생을 내게 힘이 되어주는 노래들에게는 예의를 다하고 싶어서.

　너무나 개인적인 순간이라 굳이 이야기할 필요조차 못 느끼는 일과를 소리내 말할 때면 서로 다른 점이 드러난다. 좋아하는 가수도 비슷하고, 온종일 좋아하는 무언가를 혼자 좋아하기만 해도 바쁜 하루를 보낼 수 있다는 점이 비슷한 친구가 있는데, 그 친구의 집에서 늦은 오후부터 새벽까지 술을 마시던 날이었다. 학창 시절 좋아하던 아이돌부터 현재 빠진 80년대 한국 가요와 일본 여행 중 사 온 CD에 대해 떠들기만 해도 시간은 금세 다 채워졌다. 그러던 중 왠지 이 점도 비슷하지 않을까 해서 운을 뗐는데, 서로 다른 점을 알아내 재미있어졌는데.
　"저는 기왕이면 러닝타임이 긴 곡이 좋아요. 최소 6분이 이상이면 고마워요."
　친구는 눈을 동그랗게 뜨면서 너무 신기하다며 어째서 긴 곡을 좋아하지를 되물었다. 나는 그간 단 한 번도 긴 곡을 왜 좋아하는지에 대해 스스로에게 따져 묻지 않았다는 걸 알았고, 이토록 혼자된 상태의 일과들은 자기 자신에게도 티가 나지 않게 흘러가버리는구나 싶었다. 그래서 사소하다고 생각하는 것부터 밝히고 새삼스러워 하지 않으면 안 되겠다고도.

"왜냐면, 저는 좋아하는 노래가 있으면 며칠을 그 노래 하나만 듣거든요."

길면 길수록 오래 같이 있을 수가 있잖아요. 그리고 노래는 길면 길수록 멋대로 만들고 싶었을 음악가의 마음이 반영된 것 같아서 애정이 가고. 러닝타임이 다른 곡과 비슷한 것보다 마음대로 길어서 다른 게 사연이 있어 보이기도 하고.

친구는 되도록 다른 노래를 많이 들으려고 한다고 했다. 나는 한 곡 반복 듣기가 곡 하나를 위한 제일 큰 찬사라고 했다.

너와 나는 달라. 이 짧은 문장은 사는 내내 우리 곁을 따라다니며 긍정도 부정도 아닌 사실 그대로를 보여준다. 우리는 정말 달라. 하지만 나만이 알아챈 네 귀여움을 내 딴으로 실컷 자랑할 수 있지. 우리가 다르다는 사실 뒤에 어떤 문장이 어떻게 이어지느냐에 따라서 관계 또한 이어지며 나와 너는 때때로 만나 우리가 된다. 그럼 우리는 어떤 순간에 가장 다를까? 나는 이렇게 대답하고 싶다.

"온전히 혼자 있는 순간."

언제 영감을 받냐는 질문에도 같은 대답을 할 것 같다.

매일 노래만을 듣는 시간을 일과로 삼는 사람이 많을까? 우선 나는 그런 사람이다. 매일 노래만 듣는 시간을 조금이라도 가져야만 마음이 놓이는 사람. 그건 온전히 혼자 있는 순간이자 타인과도 나와도 가장 멀어지는 순간이어서. 나만 그런가 싶어서 주변 친구들에게 물어보니 "글쎄, 노래만을 듣진 않는 것 같은데?"라는 대답이 돌아왔다. "노래를 듣기만 하면 뭘 해? 정말 노래만 들어?"라는 질문도 따라붙었다. 가만히 노래만 듣는 시간을 매일 갖게 된 건 현관문 앞에서 가졌던 온전히 혼자인 찰나의 내 시간을 내 힘으로 뻥튀기한 결과일지도 모르겠다.

    어느 날, 음악 이야기를 실컷 나누는 다른 음악 친구와 만난 다음 날 이런 연락을 받았다.
    "집에 가는 마을버스에서 어떤 노래를 들었는지 궁금해요."
    답장을 하며 마을버스에서 들었던 노래의 유튜브 링크를 함께 붙여넣었다. "이 곡 하나만 들었어요." 나의 음악 감상 취향도 내비쳤다. 이 곡을 들었다는 것과, 이 곡 하나만 들었다는 게 얼마나 큰 차이가 있는지 나의 음악 친구는 알아줄 것 같아서.
    친구의 질문에 노래와 함께 집으로 돌아온 길이 선명히 그려졌다. 노래를 들으며 이동하던 시간의 기억은 노래의 힘을 받아서 그런지 뚜렷하게 남아 있었다. 마을버스에 내려 걸어오는 도중에 노래가 끝나서 그대로 에어팟을 뺐었지. 골목 어귀부터 집까지 아무것도 안 듣고 씩씩하게 앞만 보고 걸었지. 현관문 앞에서 가만히 서 있지 않고 그대로 집에 들어갔지. 씻고 옷을 갈아입고 물 한 잔 뜨고 앉아서 다시 같은 노래를 크게 들었지. 어쩌면 내 하루의 전부가 되기도 하고, 내가 고른 하루의 주요 장면이기도 한 순간. 이제는 때때로 현관문 앞에서 마저 듣는 시간을 건너뛰지만, 건너뛴다는 감각 또한 내일과 속에 살아 있다. 현관문 앞에서 잠시 머물 때의 마음, 그 제로에 가까워지려던 마음을 여전히 기억하고 있다.

　이 이야기는 어쩌면 '취미는 음악 감상'이라고 담백하게 설명할 수 있지 않을까. 취미를 기입하는 공란이 조금 여유롭다면 이렇게 쓰고 싶다. 지금이기에 좋다 느끼는 노래를 발견하기, 그 노래를 듣고 또 듣기, 집에서 처음 들은 노래를 밖에서도 들어보기, 노래를 들으며 노래 일지를 쓰기, 자주 듣다가 이내 따라 부르기, 그 가수만의 창법을 따라 하기, 라이브를 들으러 이동하기.
　'음악 감상'을 다르게 표현하자면 '노래랑 살기'. 내게 이 취미의 시간은 아무것도 아닌 그저 감상자로서의 마음을 지니게 해준다. 무엇을 그려내지 않아도, 무엇을 쓰려고 하지 않아도 되는 시간. 음악가라는 타인이 지난하게 만들어낸 결과물을 그저 향유하고 마음껏 오해하다 보면 잠시 어딘가 떠나온 것처럼 굴레를 벗어난 듯하다가도 끝내 나라는 사람 그 자체에 대해 새로 생각하게 되는. 그 일말의 틈을 안다는 건 아주 중요하지 않을까. 무언가를 만들어야 하는 나에게도, 나를 좋아하며 살고 싶은 나에게도.
　노래 일지를 쓴 지도 벌써 긴 시간이 흘렀다. 지금도 노래 일지를 쓰는 순간만큼은 컴컴하고 적막한 현관문 앞에 다녀오는 듯하다. 잔뜩 끓어오르는 걸 내버려둔 채 표정 지을 필요 없는 순간은, 그런 공간은 이토록 내 삶에 필요했다.

그래서 나에게 붕어빵이 있는 풍경은
계절을 돌고 돌아 재확인하는 따뜻한 세상이자
지난 내 기분을 모른 척하기 어려운 마음과도 같다.
시린 겨울을 보내고 찾아드는 따스한 봄 같은 것.
따뜻해져서 깨닫는 쌀쌀함 같은 것.
평소 알고 지내는 나와 때때로 문득 찾아오는 나를
같은 계절에 만나곤 하는 것.

『팥: 나 심은 데 나 자란다』 189~190쪽

어디서 좀 노셨군요?

―

코인노래방

홍인혜

만화가. 카피라이터. 시인. 에세이스트.
세미콜론의 책 『루나의 전세역전』을 출간했다.
지은 책으로 『루나 파크』 『루나 파크: 사춘기 직장인』
『지금이 아니면 안 될 것 같아서』 『루나 파크 옷걸이 통신』 『혼자일 것 행복할 것』
『고르고 고른 말』 시집 『우리의 노래는 이미』 등이 있다.

"평소에 어떤 음악을 즐겨 들어요?"

음악이 생업인 지인에게 툭 던진 질문이었다. 소설가의 서가나 모델의 옷장처럼, 뮤지션의 플레이리스트가 궁금했기 때문이다. 그는 잠시 궁리하다 가벼운 한숨과 함께 말했다.

"모르겠어요. 언젠가부터 음악을 들으면 일하는 것 같아서 마냥 즐길 수가 없어요. 내가 음악을 듣고 있는 게 아니라 막 분석하고 연구하고 있는 거야."

아, 그럴 수도 있구나. 음악가는 음악이 일이니까 타인의 곡을 듣는 것도 업무의 연장처럼 느껴질 수 있구나. 노래를 듣는 게 더는 즐겁지 않다면 '즐겨 듣는 음악'이 세상에서 사라질 수도 있구나.

남의 일만은 아니었다. 사실 나도 남의 창작물을 보며 온전히 '쉰다'는 생각을 하지 못한 지 오래되었다. 업무의 폭풍이 물러간 빈 시간엔 아무래도 영상물이나 책을 보게 되는데 TV 광고부터 만화, 시에 이르기까지 다양한 창작물을 발표하며 사는 내가 일 생각은 일절 않고, 타인의 창작물을 온 마음의 창을 방충망까지 활짝 열고 수용하기란 쉽지 않다. 물론 영화를 보고 시집을 읽는 것은 여전히 그리고 영원히 즐거운 일이지만, 그 행위를 하는 동안 내 영혼은 두꺼비집을 내린 듯 고즈넉한 무동력의 휴식에 임하지 못하는 것 같다. 저 마음 깊은 곳에 끝끝내 돌아가는 컴퓨터 한 대가 있다.

그 녀석은 영화의 오프닝 시퀀스를 보며 광고 레퍼런스로 써도 되겠다는 생각을 하고, 수필집을 읽으며 내 문체와의 차이점을 비교한다. 문학상을 수상한 시집을 읽으며 요즘 시의 경향성을 생각하고 이따금 책날개에 적힌 저자의 나이에 집중하며 자괴감까지 선사한다.

덕분에 내가 진짜 쉰다는 감각을 느끼는 순간은 아이러니하게도 내 지인이 업으로 느끼는 음악을 할 때다. ('음악을 한다.'는 거창한 표현은 상당히 주제넘지만 살며 한번쯤 까불어보고 싶었다.) 몇 해 전부터 기타를 배우기 시작했는데 좋아하는 노래의 악보를 찾아 더듬더듬 코드를 짚으며 생각했다. 이것이 그토록 찾아 헤매온 이상적 휴식의 형태라고. 그것이 업이든 쉼이든 아무튼 나는 예술을 사랑하고 음악은 인류가 찬미하는 대표적인 예술 장르다. 예술을 수행하며 쉰다는 것은 얼마나 낭만적인 일인가. 하지만 나에게 음악은 업이 아니므로 누구의 평가를 받을 일이 없으니 그저 자유로이 갈겨댈 수 있다.

더불어, 평소 마음이 번잡하고 걱정의 꼬리잡기를 즐기는 나인지라 명상의 필요성을 느끼고 있었다. 회사 후배부터 심리상담 선생님까지 모두가 명상을 권했다. 잡념의 알고리듬이 발달한 사람에게 명상은 쉽지 않다. 수없이 시도했으나 상념의 파도에 휩쓸리거나 잠의 수렁에 빠져들기 일쑤였다. 하지만 기타에 몰입하고 있으면 명상 비슷한 것을 하는 기분이 들었다. 리듬에 맞춰 왼손 오른손의 손가락을 놀리는 절묘한 협응이 필요하기에 내 오랜 반려 감정인 불안이 끼어들 틈이 없고, 과거의 회한도 미래의 공포도 이 현재적 행위에 동참할 수 없으며, 동시에 지루하지 않아 잠에 들지도 않는다. 고(高)집중이 필요한 행위임에도 동시에 멍 때리는 기분이 드는 것이다.

그렇게 기타는 어엿한 나의 휴식이자 취미, 명상이자 유희가 되었다. 언젠가부터 리듬을 놓치지 않기 위해 노래까지 흥얼거리기 시작했다. 김광석, 이문세, 산울림, 자우림, 너드커넥션, 레이첼 야마가타가 소환됐다. 다시금 알게 된 것은 내가 노래하는 것을 무척 좋아한다는 사실이다. 사실 회사원 시절에도 회식 끝자락 노래방행 특급열차에 꼭 탑승했던 나였기에 아주 몰랐던 부분은 아니지만, 더 정확히 알게 된 것이 있다. 나는 '떼로 노래하는 것'보다 '혼자 노래하는 것'을 좋아한다.

청자가 있는 노래는 아무래도 클라이언트 앞에서 하는 프레젠테이션 같고, 실로폰 소리에 긴장해야 하는 〈전국노래자랑〉 같고, 고국의 동포 앞에서 영어로 말하는 것 같다. 누군가 주의 깊게 들으면 그래서 부담스럽고, 다들 딴청을 부리면 그것대로 머쓱하다. 반면 나 홀로 노래를 부르면 좋아하는 곡을 원 없이 부를 수 있고, 음이 대차게 피치를 탈주해도 창피하지 않다. 노래방에서라면 모두가 느끼하다고 몸서리칠 진한 파토스를 노래에 듬뿍 담아도 괜찮고 실연 노래를 부르다 옛사랑의 기억에 목이 메도 괜찮다.

애초 나의 노래는 기타 박자를 위한 메트로놈 같은 것이었으나, 어느 순간 주객이 전도되었다. 이제 나는 노래를 부르기 위해 기타를 진나. 하시만 벽 하나로 상하좌우 가구와 인생을 공유하는 도시인으로서 24시간 마음 편히 목청을 높일 순 없었다. 그렇다면 혼자 양껏 노래를 부를 수 있는 곳은 어디일까?

그곳은 '코인노래방'이다.

코인노래방에 안 가본 사람은 드물겠지만, 코인노래방이 왜 외톨이 가락꾼에게 좋은지 설명하겠다. 일반노래방은 공간이 넓고, 여럿을 수용하기 좋은 시설이며, 요금도 비싸다. 대체로 어둑하고 묘한 냄새가 감돌 때도 있다. 회식 끝자락의 주취자들에겐 아늑한 둥지이지만 혼자 노래에 몰입하고 싶은 사람에겐 부담스러운 공간이다. 그에 반해 코인노래방은 방 크기가 작아 오붓하고, 대체로 현대적이며, 원칙적으로 음주가 불가능한 곳이라 쾌적하게 관리되고 있으며, 상대적으로 저렴하다.

  오래전 만화방 시스템처럼 곡당 결제하는 방식도 있고 시간당 결제하는 방식도 있다. 시세는 동네마다 다르지만 보통 곡당 500원, 한 시간에 만 원 안팎이다. 나는 한 곡 한 곡 정성 들여 부르고 싶을 때는 곡 단위로 결제하고, 낯선 노래에 다양하게 도전해 풀을 넓히고 싶을 때는 시간 단위로 결제한다. 일단 돈을 지불하고 나면 그 한 평 남짓한 공간은 나만의 코첼라다.

  노래방 책자는 안 본 지 오래되었고 휴대폰을 열어 검색창에 'TJ노래검색' 또는 '금영노래검색'을 써넣는다. 그리고 메모 앱을 열어 평소 부르고 싶어 적어뒀던 노래 리스트를 살핀다. 그렇다. 나는 문득 입가에 서려 종일 흥얼거렸던 발라드나 호프집에서 흘러나와 어깨를 들썩이게 했던 댄스곡을 그때그때 노래방용 메모장에 적어두기까지 하는 사람이다.

  어디에도 발설한 적 없는 나의 노래 취향을 고백하자면 나는 흘러간 록 발라드를 좋아한다. 그 시절 록 발라드 속의 사랑은 일생 이루어진 적이 없다. 사랑에만 실패했다면 그 인생은 순탄히 풀린 편이다. 록 발라드 내의 사망률은 상당히 높아 보통 그대 아니면 나, 수틀

리면 우리 모두가 사랑에 겨워 소천하기 일쑤다.

　노래방에 따라 해당 곡의 뮤직비디오를 화면에 띄워주기도 하는데 영상은 늘 축축하다. 눈이 오고 비가 내리고 눈물이 흐르고 역시나 사람이 죽는다. 인간이 상상할 수 있는 온갖 재해나 사고가 일어나고 누군가 유명을 달리하면 순장되듯 따라가는 게 록 발라더의 도리다. 이 생에서 이해받지 못했고 축복받지 못했던 사랑을 다음 세상에선 기필코 이뤄내기 위해.

　그 진하고 애절한 노래를 영혼 밑바닥까지 긁어내 열창하다 보면 나도 모르게 자리에서 일어서게 된다. 감히 록 발라드를 어떻게 앉아서 부르는가? 그것은 고인 모독이다. 벌떡 일어서 허리를 꺾으며 가슴 밑바닥의 비애를 쏟아내고 자리에 앉으면 옆방에서 걸걸한 목소리로 똑같은 노래를 부르는 것이 들려온다. 때로는 어렴풋이 기억했으나 미처 메모하지 못했던 노래가 들려오는데 그러면 바로 검색해서 따라 불러본다. 나에게 영감을 준 옆방의 뮤즈들에게 감사하며 곡소리로 보답한다. 그렇게 그날의 코인노래방은 방마다 야다, 더 크로스, 김경호, 버즈로 가득 찬다. 모두가 흐느끼는 통에 노래방이 둥둥 떠내려갈 지경이나.

　이따금 사회생활용 노래를 연습하기에도 코인노래방이 제격이다. 친구들과 동료들과 취기에 몸을 맡기고 찾아간 노래방에서도 록 발라드만 연이어 불러 분위기를 침통하게 만들 순 없지 않은가. 모두의 흥을 부스팅할 신나는 댄스곡이나 익살스러운 트로트를 혼자서 열심히 연습한다. 같은 노래를 두세 번 불러도 뭐라 할 사람이 없으니 속이 편하다.

　마지막으로 코인노래방을 영업하자면, 이곳은 무척 안전한 공간이다. 원칙적으로 음주는 금지이고, 음주인을 적발하기 위해서인지 방마다 CCTV가 설치되어 있다. 내가 뱅크의 〈가질 수 없는 너〉를 절절하게 부르며 척추를 접는 꼬락서니를 누군가 본다니 민망스러운 일이지만(사실 보지도 않겠지만.) 어차피 문 너머로 내 노래가 새 나가는 판국에 현란한 무대 매너 따위 보이면 어떠랴. 이슥한 시간엔 카메라만큼 나의 안전을 보장해주는 것도 없고 말이다.

　실제로 나는 이런저런 작업을 끝낸 늦은 시간 코인노래방을 즐겨 찾는데, 위험하다는 생각은 한 번도 해본 적이 없다. 밤 10시엔 청소년들은 집에 가라는 알림도 나오는데 스스로의 어른 됨을 즐기며 흐뭇이 남아 있을 수도 있다. 이따금 코인노래방이 조금만 더 불건전했으면 좋겠다는 생각도 하면서. 목 놓아 이 노래 저 노래 부르다 보면 맥주 한 모금이 간절해지기 때문이다.

　창작은 머릿속 샘물을 퍼다 쓰는 행위다. 새벽에 토끼가 눈 비비고 찾아와도 문제없을 정도로 용천수가 펑펑 터지면 좋겠지만 나의 작은 샘은 고로쇠 수액처럼 고이는 몇 방울의 물로 간신히 채워진다. 그를 소중히 길어 올려 밥도 짓고 차도 끓이며 오랜 세월을 버텨왔다. '이번 마감도 어찌어찌 넘겼다.'라고 한숨 지으며.
　때로는 그 샘이 완전히 말라버린 기분이 들 때가 있다. 이윽고 밀려드는 '이제 나도 다 됐나 봐.' 따위의 비관에서 도망치기 위해 코인노래방에 간다. 한국인의 두 가지 기본 성정, 음주가무 애호와 남

앞에선 민망한 마음 모두를 고려하자면 이만한 유희 공간이 없다. 나만의 굴에 파고들어 누구도 듣지 않는 노래 부르기. 노래를 한다는 것은 예술을 향유하는 것이다. 누군가 구축한 리듬을 즐기는 것이고, 문장을 낭송하는 것이고, 감정을 투사하는 것이다. 근사하게 말했지만 사실은 허벅지가 얼얼하도록 탬버린을 퉁기며 노래를 부르고 말끔하게 비워낸 마음으로 귀가할 수 있다, 이 말이다.

그렇게 돌아오는 길, 영감이 샘솟고 창의력이 몰아치면 좋겠으나 그런 기적은 일어나지 않고 다만 '어떻게든 살아지겠지.' 하는 긍정은 생겨난다. 세상엔 이토록 아름다운 노래들이 있고, 세기가 바뀌어도 그 노래를 애절하게 불러주는 사람들이 있다. 걸어갈 수 있는 곳에 코인노래방이 있고, 만 원 한 장으로 나만의 서재페를 열 수도 있다. 인생, 그 정도면 충분하지 않은가. 나는 자신에게 말해준다. 어디서 좀 노셨군요? 이 분위기 그대로 다음 작업에 도전하세요.

제도의 문제로 억울하게 영혼을 다친 사람들이 제도를 고쳐
불행을 자기 선에서 끝내려 하는 마음은 어디에서 오는 걸까.
나는 이 일을 겪고 그 마음을 처음으로 이해했다.
이건 너무 나쁜 일이기 때문이다.
이런 일은 더 이상 존재해선 안 되기 때문이다.
내가 겪어봐서 그 고통을 알기 때문이다.
그래서 비슷한 고초를 겪는 이웃을
그냥 두고 볼 수는 없었다.

『루나의 전세역전』 214쪽

뜨개라는 불도저

—

뜨개 카페 귀퉁이 자리

이용재

음식 평론가. 번역가.
세미콜론의 책 『실버 스푼』 『패밀리 밀』 『실버 스푼 클래식』을 우리말로 옮겼다.
지은 책으로 『한식의 품격』 『조리 도구의 세계』 『식탁에서 듣는 음악』
『맛있는 소설』 등이 있다.

그곳에 가까워질수록 나의 발걸음이 점점 더 빨라진다. 조금 과장을 보태 100~200m 앞에서는 종종걸음을 위장한 달음박질이 된다. 계단을 절반 올라 시야가 바닥과 정렬되면 공간의 저 먼 끝을 바라본다. 그 자리가 아직도 남아 있을까? 여부에 따라 그날 나의 기분은 상당히 달라진다. 자리가 남아 있으면 하루는 이미 다 잘 산 것이나 마찬가지다. 거기까지 향하는 나의 발걸음이 더 이상 가벼울 수 없다.

만약 자리가 없다면? 세상에서 가장 사소하고 쓸데없는 상실감에 시달린다. 그냥 다른 자리에 앉을 뿐인데 사뭇 다른 기분이 하루 종일 나를 지배한다. 내색할 수는 없지만 속으로는 하루 종일 시무룩하다. 이런 불상사를 미연에 막고자 그곳에 가는 시간을 점점 앞당겼다. 처음에는 아침에 일어나 일과를 대략 마무리한 뒤 점심을 먹고 정오를 넘긴 시각에 가곤 했었다. 그러나 거기가 내 운명의 자리임을 알아차리고서, 다른 사람이 선점해 앉지 못할 때마다 나의 방문 시각은 조금씩 빨라졌다. 30분이 한 시간이 되었고 한 시간 반이 되었으며 종내에는 카페가 문을 열기 5분 전에 도착하는 상황까지 벌어졌다. 내가 도대체 왜 이러는 걸까? 종종 나갈 채비를 하느라 아침에 몸을 부지런히 움직이며 속으로 깔깔깔 웃곤 한다. 이게 되는구나.

2024년 3월부터 나는 뜨개 카페에 주 5일씩 나가기 시작했다. 기나긴 고민 끝에 잡은 마지막 지푸라기였다. 프리랜스 음식 평론가로 15년을 살았는데 전방위로 막다른 골목에 이른 기분이었다. 일은 반드시 그리고 분명히 한다. 마감은 절대 넘기지 않는다. 낮에만 일하고 절대 야근하지 않는다. 이렇게 일을 중심으로 삼는 세계는 언제나 그럭저럭 돌아가고 있었다.

하지만 삶은 일로만 이루어지지 않으니, 일상의 나머지 부분은 그 세월 동안 조금씩 무너져 내리고 있었다. 결국 나는 일하지 않는 시간에는 침대에 누워 잠만 자는 인간으로 퇴화해버렸다. 시체는 좀 그렇고 좀비처럼, 그냥 잠도 아니고 폭면을 취했다. 처음에는 이것도 나쁘지 않다고 생각했다. 어차피 움직이면 다 돈이고 글 써서 많이 버는 것도 아닌데 폭면도 나름 절약의 요령이 아닐까?

그런 나날이 쌓여가자 정신이 집의 인력에 서서히 잠식되기 시작했다. 밖에 나가기는커녕 침대에서 일어날 수조차 없었다. 끼니를 거르기도 일쑤였다. 나빠진 정신 건강이 족쇄로 작용하면서 육체 건강도 내리막길을 꾸준히 걷기 시작했다. 결국 2023년 말, 건강에 아주 크고 환한 빨간불이 들어왔다. 좀비 같은 생활을 더 이어 나가면 내리막길이 가팔라지면서 종내에는 낭떠러지로 내밀릴 게 불 보듯 뻔했다.

움직여야 했다. 무엇이든 변화를 찾아야만 했다. 그런데 아무런 생각이 없었다. 나는 언제나 집이 가장 편한 사람이었다. 어릴 때부터 아무도 없는 집에서 혼자 책을 읽는 게 그렇게 좋을 수 없었다. 스튜디오에서 다 같이 어울리는 건축을 전공으로 삼았지만 난 언제나 집에서 혼자 작업을 했다. 집중하려면 그 길밖에 없었다. 글쓰기로 업을 바꾸면서 '집에서 혼자'를 선호하는 경향은 몇 곱절 더 심해졌다.

15년은 기나긴 세월이니, 밖에서 일을 시도해보았던 시기도 있었다. 하지만 잘되지 않았다. 불편함도 싫었지만 공공장소에서 글을 쓰면 알몸으로 앉아 있는 듯한 기분에 시달렸다. 일을 해도 한 것 같지 않았다. 집에서 후줄근한 옷을 걸치고 앉아 일하는 그 맛, 성취감을 전혀 느낄 수 없었다. 이래저래 나에게 밖에서 일한다는 선택지는 현실적이지 않았다. 갈 곳도 가고 싶은 곳도 없었다.

대체 이걸 어떻게 하면 좋을까? 정말 더 이상 아무것도 생각나지 않을 때 깊이도 모를 고민의 심연 속에서 서서히 뜨개가 떠올랐다. 그렇다, 나는 뜨개인이다. 2021년 말 입문했으니 이 글이 종이에 찍힐 때쯤이면 4년 차에 접어들 것이다. 뜨개에 대해 쓰는 글이 아니니 간략히 이야기하자면, 정말 엉겁결에 시작했다. 그해 겨울 유난히 모자가 쓰고 싶어 마음에 쏙 드는 걸 샀는데 맞지 않았다. 예상한 결과였지만(그렇다, 나의 머리는 매우 크다.) 의외로 화가 났다. 맞는 털모자 하나 쓸 수 없다니! 가슴 아픈 사연을 트위터에 올리자 누군가 뜨개방에 외주를 맡기라고 조언했다. 오, 뜨개방이라는 게 있군. 당장 검색해 집에서 가장 가까이 있는 곳을 찾아갔다. 뜨개를 50년 이상 한 것 같은 여성이 모자는 당연히 뜰 수 있다고 했지만 실의 선택을 두고 내화가 잘 안 되었고, 그 순간 나는 마음먹었다.

그까짓 것, 내가 배워서 뜨고 만다!

철저한 자기 객관화에 입각해 말하자면 나는 손재주가 결코 좋지 않은데, 그래도 손으로 하는 모든 것을 늘 좋아해왔다. 초등학교 저학년 때는 고무찰흙으로 자동차, 비행기, 사람 등등을 빚어 만들며 혼자 놀았다. 고학년으로 접어들면서는 종이접기로 학과 학알, 별과 거북이를 만들었고 곧 기타를 배웠으며 그리고 건물 등을 만드는 건축을 전공으로 선택했다.

요리와 제과제빵도 독학으로 익혀 20년 넘게 해왔으니 뜨개를 못할 이유가 없었다. 처음에는 유튜브를 보면서 기본기를 익혔는데 확실히 쉽지 않았다. 그래서 트위터에 혼잣말처럼 '뜨개 어렵구나.'라는 이야기를 흘렸더니 누군가 착한 사마리아인처럼 홀연히 나타나 '한 번이라도 사람이 하는 걸 직접 보면 훨씬 빨리 배운다.'며 교습을 제안해주었다. 바로 이 뜨개 카페에서 그를 만나 수업을 받은 덕분에 나는 훨씬 더 매끄럽게 뜨개의 길에 접어들 수 있었다. 마침 옷에 관심이 많은데 직접 떠 입을 수 있다니 뜨개보다 더 좋은 취미가 있을까 싶었다. 하지만 이후 뜨개는 철저히 취미의 영역에서만 머물렀다. 시간이 나면 하고 안 나면 안 했다. 시간이 나도 마음이 안 나면 안 했다.

하지만 프리랜서로 15년을 산 끝에 정신과 육체 건강이 모두 막다른 골목에 이르자, 마지막 지푸라기로서 뜨개의 가능성을 심각하게 고려하기 시작했다. 매일 카페에 나가 뜨개를 하는 건 어떨까? 말하자면 취미인 뜨개를 삶의 중심에 놓고 과업을 비롯한 다른 일상을 재배치하는 시도였다. 그렇게라도 특단의 조치를 취하지 않으면 폭면의 패턴을 깰 수 없을 것 같았다. 말하자면 뜨개를 수단으로 삼으려 시도했다. 옷이며 양말, 모자를 떠서 입는 것도 좋았지만 이런 처지에 놓이자 결과물은 살짝 뒷전으로 밀려났다. 나는 몸을 움직이고 햇볕을 쬐고 스스로를 사람들 사이에 두어야만 했다. 이를 위해 집

이 아닌 다른 장소에 나를 데려가 머무르게 만들 수 있는 유일한 수단이 바로 뜨개였다. 다른 것은 아무것도 없었다.

그렇게 나는 뜨개 카페에 매일 발을 들여놓기 시작했다. 틈만 나면 누워 있다가 잠들어버리는 습관에 너무 오랜 세월 동안 젖어 있어 처음에는 쉽지 않았다. 좋고 편한, 심지어 고양이(별, 암컷 7세)까지 있는 집을 두고 밖에서 사서 고생한다 싶어 자괴감마저 들었다. 절대적인 시간의 총량을 기준으로 일하는 것도 아니면서 이러면 언제 글을 쓸까, 고민도 했다.

하지만 그런 자괴감이며 습관은 한 코씩 뜨개를 해나가면서 서서히 사라졌다. 무엇보다 밖에서 시간을 많이 보내기 시작하면서 생활 패턴이 바뀌기 시작했다. 약의 힘을 빌려도 수면의 질이 나빴는데 금세 밤에 잠들고 아침에 일어나는 사람이 되었다. 시간을 훨씬 더 많이 쓸 수 있게 되면서 자연스레 뜨개를 중심으로 생활이 재편되었다. 곧 뜨개와 일이 양립 가능해졌다.

한편 시행착오를 거치며 카페에서 가장 좋아하는 자리도 찾았다. 저음에는 모두를 거의 완전하게 등지는 자리에서 한참 뜨개를 했다. 때로 사람들이 움직이는 것조차 거슬릴 때가 있어(안다, 내 문제다.) 안 보기 위해 선택한 자리였다. 처음 얼마 동안은 좋았지만 정말 면벽수도를 하는 느낌이 들자 이건 아니다 싶었다.

그래서 이번엔 반대로 카페의 모든 공간이 한눈에 들어오는 자리를 찾았다. 길쭉한 바 형 탁자가 직각으로 꺾이는 자리라 나처럼 혼자 오는 경우가 아니라면 아주 선호하지 않는 자리다. 게다가 카페에 웬만큼 사람이 들어차야만 채워지는 안쪽 자리라 여러모로 좋았다. 앞과 옆이 통창이라 햇볕도 잘 들어, 막 노안이 찾아온 눈에 피로도 덜했다. 그렇게 마음에 쏙 드는 자리를 찾고 뜨개 하는 날도 주 6일로 하루 늘렸다.

    매일 아침 눈을 뜨면 나는 뜨개와 일의 우선순위부터 새롭게 결정한다…… 고 말은 하지만 사실 답은 정해져 있다. 웬만큼 바쁘지 않으면 뜨개부터 할 마음을 먹는다. 그래야 빠르게 자리를 털고 일어나 움직여 나갈 준비를 할 수 있다. 씻고 아침을 먹고 청소기를 밀고 고양이 밥과 물을 챙긴다. 그리고 이른 오전에, 내 자리를 다른 이들이 차지하기 전에 카페에 도착해 한적한 공간에 앉아 뜨개를 시작한다.

    서너 시간 뜨개를 하고 집에 돌아와 간단히 점심을 먹고 바로 책상에 앉아 일을 시작한다. 하기 싫다고 늑장을 부리거나 게으름을 피우지 않고 최대한 빨리 처리한다. 해가 지기 전에 일을 끝낸 뒤 저녁을 먹고 또 다음 날의 뜨개를 하려면 그럴 수밖에 없다. 이런 패턴으로 살기 시작한 뒤 사는 속도감이 1.5배쯤 빨라졌다. 집안일도 글쓰기도 더 빨리 해낼 수 있게 되었다.

    많은 뜨개인들이 뜨개를 손만의 움직임이라 여기는 경향이 있다. 그래서 여러 명이 모여 대화를 나누면서, 혼자 온 이들은 태블릿으로 각종 영상들을 보면서 뜨개를 한다. 하지만 나는 혼자, 거의 아무와도 이야기를 나누지도 않고 아무것도 보지 않는다. 처음부터 이랬던 것은 아니었다. 뜨개를 통해 사람을 만나고 싶다고 생각해 특화된 카페에 일부러 찾아갔으며, 집에서는 영화를 보면서 곧잘 하기도 했다.

하지만 카페에 앉아 뜨개를 하면서 이내 알아버렸다. 나는 사실 사람을 만나고 싶지도 않고 이야기도 뜨개에 방해가 된다면 하고 싶지 않다는 것을. 눈이 자유로울 수 있는 음악을 듣는다면 모를까, 영상을 보면서 뜨개를 하고 싶지도 않다는 것을. 대수롭지 않다 여길 수도 있지만 뜨개를 통해 오랜만에 나를 재발견했다.

이제 뜨개는 나의 불도저다. 머릿속 온갖 잡생각의 돌멩이며 때로 넘기 버거운 감정의 산과 물을 싹 밀고 메워 곧고 탄탄한 평지로 만들어준다. 한 코 한 코마다 불도저가 앞으로 나아가며 땅을 닦아주면 나는 그 위로 생각의 씨를 뿌린다. 무슨 생각인지는 그리 중요하지 않다. 그저 집에서 폭면을 취하는 동안 다른 그 많은 것들과 더불어 할 수 없던 생각을 다시 하게 된 그 자체가 나에겐 너무 중요하다.

이런 기분은 대략 18년 만에 처음이다. 2007년, 나는 휴가로 떠났던 17일 동안의 북유럽 여행에서 많은 생각을 한 끝에 글을 써야겠다는 마음을 비로소 먹었다. 그리고 그해 말 단편소설을 한 편 썼다. 그때의 기분과 느낌을 수많은 코를 떠 연결해 하나의 편물로 만들어내면서 다시 느꼈다. 많은 것이, 일단 생각만이라도 카페의 귀퉁이 자리에 앉아 뜨개를 하는 가운데 서서히 다시 돌아오고 있다.

요리책은 언제나 기대를 품게 만든다.
과정을 따라 하면 나도 맛있는 음식을
만들 수 있다는 기대 말이다.
희망이라고 그래도 좋다.
더 나은 삶을 향한 희망이다.

『실버 스푼』 '옮긴이 후기' 1501쪽

도움이 필요하시면
말씀하세요

—

올리브영

원도

작가. 전 경찰관.
세미콜론의 책『있었던 존재들』을 출간했다.
지은 책으로『경찰관속으로』『아무튼, 언니』『농협 본점 앞에서 만나』
소설『파출소를 구원하라』등이 있다.

결국 모든 건 다 사람이다. 글이 막히는 이유도, 막힌 와중에 뚫어뻥처럼 일순간 '뻥!' 하고 그 뵙기 힘들다는 영감님이 미약하게 솟구치는 원인도, 지금 읽는 글이 슬프게 느껴지는 것도, 세상만사 저주를 퍼붓는 글을 쓰게 하는 원동력도 나에겐 다 사람이었다. 당신 글은 전체적으로 엉망이라 어디서부터 얘기해야 알아먹을지 모르겠다며 볼펜을 딸깍이던 사람이나, 내 책의 어느 문장에서 삶을 다시 살아갈 힘을 얻었다며 일렁이는 고백을 전하던 사람이나, 나에겐 어찌 보면 영감의 대상이었다. 솔직히, 허리를 지독하게 괴롭히는 신경성 통증에도 불구하고 당장 의자에 앉게 만드는 실행력에 초점을 둔다면 후자보다 전자가 나에겐 훨씬 강력한 기폭제였다. 아주 끝내주게 멋진 글을 써서 그자의 코를 납작하게 눌러줘야지! 이목구비에도 평균 사이즈가 있다면 '비(鼻)'를 차지하는 코의 크기가 평균보다 제법 큰 편인 나는 코가 눌리는 고통이 얼마나 아픈지 잘 알고 있으니까. 어딘지 정확히 가늠할 순 없지만 눈과 가까운 곳의 살덩이가 뭉근하게 아린 그 기분을 반품 불가 상품으로 둘둘 엮어 보내주고만 싶었다.

　그러나 사람이 어디 만만한가. 심지어 나는 사람이 하는 말을 8부 능선마냥 비비 꼬아 듣는 데는 대한민국에서 제일가는 전문가다. 사람 앞에 나서는 일은 두려움 그 자체지만 그 어떤 사람도 나를 찾지 않는 하루는 외려 지옥이다. 두려움은 지옥에 비할 바가 못 된다. 처음 글을 쓰기 시작한 이유도 딱 하나다. 더 많은 사람들이 나의 이야기를 들어줬으면 하는 바람. 콩나물 줄기 하나 겨우 흔들 만큼 초라하고 미약한 바람이었지만 내 전부였다. 애초에 나는 숙주도 되지 못하는 비리비리한 존재였으니까. 인간을 사랑해버린 콩나물이랄까, 뭐 그런 독립영화제 로그라인 같은 한 줄의 문장이 지금껏 버텨낸 나의 인생이었다. 다른 누구도 아닌 스스로의 삶.

 글이 풀리지 않을 때도 나는 사람을 찾아, 정확히 말하면 나를 전혀 모르고 앞으로 신경 쓸 일도 없는 사람을 찾아 떠났지만 마음에 딱 드는 장소는 쉽게 등장하지 않았다. 이를테면, 카페는 내 기준에 너무 시끄러웠다. 호주의 스탠드업 코미디언인 해나 개즈비는 자기가 가장 좋아하는 소리는 컵 받침 위에 컵을 올리는 거라고 말했지만, 소리에 예민한 나에겐 카페에서 울리는 식기의 소음조차 전기톱 소리만큼이나 크게 들렸다. 길거리는 정처 없이 계속 걷는 게 싫어서 탈락. 난 심한 평발이라 오래 걷기가 어렵다는 그럴싸한 핑계도 있다. 다이소는 생활에서 미묘하게 부족한 부분을 채울 만한 물건이 뭐가 있는지 불을 켜고 찾는 분위기가 팽배한 탓에 나까지 괜히 긴장되니까 후보에서 제외. 그리하여 내 선택은 올리브영이 되었다는 다소 엉성한 결말이다.

 어디서든 흔히 볼 수 있고 어느 지점을 가도 사람들로 복작거리는 곳. 너무 많은 사람이 오가기 때문에 들락거리는 누구든 크게 관심받지 않는 곳. 잠깐 시간이 떴을 때 들어가기도 좋고 단독 일정으로 잡아 오래 머물러도 좋고, 이러니저러니 다 좋은 곳. 긴장한 얼굴로 입장한 사람 앞에 번개같이 나타난 직원분이 도움이 필요하시면 말씀하시라며 바구니를 쥐여주신다. 소심한 나는 도움이 필요한 순간에도 딱히 말씀드리지 않고 스스로 매대를 뒤지며 어떻게든 고난을 해결하는 편이지만, 나의 어려움에 귀를 기울여주겠다는 형식적인 인사말 하나로도 마음이 푸근해진다. 바구니를 품에 안고 느적느적 코너를 돌아다니다 보면 다양한 목소리가 저마다의 말투로 공기 중에 나와 흩어진다. 괜히 숨을 크게 쉬어본다. 공기에도 색채가 있다면 이곳은 무지갯빛이겠지.

    에세이만 쓰던 나는 최근 소설과 드라마 대본을 쓰기 시작하면서 '나'라는 하나의 재료로 수많은 캐릭터를 만드는 작업을 소화 중이다. 잘되지 않고 자주 체하지만 열심히 노력은 하고 있다. 장르별로 차이는 있겠지만 에세이가 '나'에 대한 탐구라면, 소설과 드라마는 '남'에 대한 탐구에 초점이 맞춰지는 느낌이다. 생소한 작업을 하면 할수록 사람에 대한 호기심은 더 커져갔다. 좋아하는 사람 앞에서 목각 인형처럼 뚝딱거리는 내가 연애에 능숙한 사람을 그려야 할 때, 화가 나면 말도 제대로 못하고 눈물만 차오르는 주제에 불의한 상황에 맞서 조목조목 따져 묻는 사람을 그려야 할 때, 낯선 사람을 경계하고 모르는 장소를 피곤해하는 내가 호기심 넘치는 여행가를 그려야 할 때면 결국 모든 글의 원천이 사람임을 절감했다. 그리고 내가 구축할 세계의 원천인 사람을 가장 쉽게 연구할 수 있는 곳이 나에겐 올리브영이었다.

    만취해 잠드는 날이 아니면 나는 거의 매일 마스크팩을 하는 편인지라 올리브영에서도 제일 먼저 찾는 곳은 팩 코너다. 그럴 때마다 예순을 훌쩍 넘긴 엄마가 생각난다. 엄마는 딱 한 가지 마스크팩만 쓰는데 그 마스크팩의 효능에 만족해서 그런 건 아니다. 단지 그것이

'검은색'이기 때문이다. 이유는 모르겠지만 엄마는 그 마스크팩이 검은색이라는 이유 하나만으로 다른 무엇보다 월등히 좋은 품질을 지녔다고 철석같이 믿었다. 엄마는 365일 중 363일 정도 마스크팩을 쓰는 편인데 363장 중에 350장 정도는 내가 사드린다. 이 때문에 내가 팩 코너에서 가장 먼저 하는 일도 검은색 마스크팩이 세일 중인지를 확인하는 일이다. 몇 개를 집어 들고 있으면, 어김없이 직원분이 다가와 바구니를 주신다. 손에 무언가를 가득 쥐고 인생을 헤맬 때, 누군가 내게 바구니 하나만 내밀어 줘도 짐의 무게가 한껏 덜어지지 않을까. 세상이 딱 이 정도만 상냥해도 좋겠다는 생각이 들었다. 단순한 생각이지만 요즘 같은 때는 단순하게 사는 게 제일 어렵다.

올리브영 한구석에서 검은색 마스크팩이 담긴 바구니를 들고 서성이며 숱한 사람을 보다 보면, 저 사람의 인생에 내 글이 끼어들 틈이 있을까 싶다. 어떤 글을 써야 립스틱을 고르는 사람이 내가 쓴 책의 페이지를 넘기게 만들지 심각하게 고민해본다. 나는 진정한 작가란 내가 쓴 글만으로 생계를 유지하는 사람이라 정의 내렸다. 그런 의미에서 현재의 나는 작가로 불리기 민망한 처지다. 여러 장르의 글을 쓸 수 있도록 노력하는 것도 진정한 작가가 되기 위함인데, 결국 영업직과 다름없다고 본다. 누군가 나의 글을 찾아줘야만 작가 생활을 이어 나갈 수 있으니, 내가 쓰는 글의 제1목적은 반드시 팔려야만 한다는 거다. 스스로를 만족스럽게 만드는 글은 일기장이든 이면지든 하물며 동네 분식집 벽지에라도 쓰면 그만이지만, 출판사와 계약을 맺은 이상 내가 쓰는 글은 무조건 팔려야만 한다는 목적성을 가진다. 〈검은색 팩 들고 튀어〉 정도의 제목이면 올리브영 방문자의 이목을 좀 끌 수 있을까? 마스크팩이니까 들고 튀는 것보단 붙이고 튀는 게 낫나?

올리브영에서 사람들을 관찰하면서 내가 하는 상상은 이렇듯 시답잖은 것들뿐이지만 단 한 줄도 문학이 아닌 건 없었다.

어느 저녁, 엄마는 나처럼 글을 쓰고 싶다며 전화를 해왔다. 입을 최대한 벌리지 않고 오물오물 말씀하시는 것으로 보건대 필시 내가 사드린 마스크팩을 붙인 게 틀림없었다. 엄마는 마스크팩을 붙이면 30분이고 한 시간이고 도통 떼질 않으셨다. 최대 20분이 좋다고, 그 이상 붙여봐야 피부 속 수분이 빨려 나간다며 말렸지만 엄마는 그렇냐, 한마디 대꾸만 던지고 같은 행동을 반복했다. 올리브영에서 산 검은색 마스크팩이 엄마의 피부 속 수분을 빨아가는 대신 영감을 주입해줬을지도 모르는 일이다.

아무튼 엄마가 꽤 진지하게 말씀하시길래 나는 저가형 노트북을 선물하면서 엄마에게 아래아 한글 프로그램 사용법을 가르쳐드렸다. 컬러링 설정하는 방법을 10년이 넘도록 외우지 못해 늘 나에게 부탁하는 엄마였기에 큰 기대는 하지 않았는데 웬걸. 엄마는 내 예상보다 훨씬 진지했는지, 몇 번의 반복 학습 이후 적어도 노트북을 끄고 켜는 것과 한글 프로그램으로 문서를 작성하는 법을 터득하셨다. 컬러링엔 그만큼 진지하지 않았단 말이야? 한술 더 떠서, 엄마는 노트북으로 OTT 사이트에 접속해 드라마를 보는 방법까지 외우셨다! 딸내미가 드라마 작가도 해보겠다고 기웃거리는 게 퍽 걱정되셨던 걸까? 이후 우리의 안부 전화는 "글 잘 쓰고 있냐?"로 시작한다.

엄마도 나에게 묻고, 나도 엄마에게 같은 질문을 한다. 두 사람 다 아직 (내 기준) 진정한 작가는 아니니 동등한 수준에서 오가는 질문이라 볼 수 있겠다.

그렇게 1년이 지났을까. 사는 게 바쁘다는 더없이 좋은 구실로 아주 오랜만에 본가에 방문했을 때였다. 유튜브나 볼 심산으로 엄마의 노트북을 켰는데, 메모장에 작성된 문서 하나가 바탕화면에 있었다. 이게 뭐지? 파일을 열어보니 단 한 줄의 문장만이 적혀 있었다.

막둥이가 노트북 사줘서 큰 숙제가 생김.

올리브영 세일 기간에 검은색 마스크팩을 좀 더 많이 사서 엄마한테 보내드려야겠다. 예비 선배 작가로서 예비 후배 작가님에게 말씀드립니다. 언제든 도움이 필요하시면 말씀하세요.

도움이 필요하시면 말씀하세요

나는 그저 사람들이 덜 비상했으면 좋겠다.
지면을 박차고 난간 위를 오르는 행위는
최대한 자제하면 좋겠다.
투신 변사자의 수가 줄어들어
과학수사과의 정원이 감원되어도 괜찮다.
사건 사고가 줄어들면 기뻐하기는커녕
담당 부서의 인원이 불필요하다며 자르는 게
지금까지 겪은 회사의 순서였으니까.
나는 과학수사과에서 쫓겨나 다른 부서를 전전해도
정말 아무 상관없다.
그들의 비상을 막을 수만 있다면.

『있었던 존재들』 86쪽

3장

몸을 움직이는 공간

오밤중에 트랙을 빙빙 돌면 생기는 일

—

망원유수지 체육공원

미깡

만화가. 에세이스트.
세미콜론의 책 『해장 음식: 나라 잃은 백성처럼 마신 다음 날에는』을 출간했다.
지은 책으로 『술꾼도시처녀들』 『하면 좋습니까?』 『잘 노는 숲속의 공주』
『거짓말들』 등이 있다.

"작업이 잘 풀리지 않을 때는 뭘 하세요?"

"'창작의 벽'에 부딪치면 어떻게 극복하시죠?"

이런 질문을 받으면 미간을 살짝 찌푸리고 허공을 응시하며 신중하게 답을 찾는 척하지만 속마음은 이렇다.

'작업은 맨날 안 풀리는데요……. '창작의 벽'은 언제나 코앞에 바짝 붙어 서 있고 결과물이 마음에 드는 일도 없습니다. 영원히 붙들고 있을 순 없으니 날짜 맞춰 마감을 할 뿐이죠…….'

하지만 이렇게 맥없이 말할 수는 없는 노릇이라 "산책을 합니다."라고 평범하게 대답하고 만다.

사실은 사실이다. 산책은 분명 작업에 도움이 된다. 밝고 기운찬 느낌의 산책이라기보다는 도망에 가깝지만 말이다. 책상 앞에 앉아 끙끙대다가 정신적 한계에 다다랐다는 느낌이 들면 자리를 박차고 일어나 아무렇게나 옷을 꿰어 입고 나간다. '오늘은 몇 시에 산책해야지.' 계획하고 나서는 일은 거의 없고 말 그대로 벌떡 일어나 밖으로 뛰쳐나간다. 이런다고 작업에서 완전히 해방되는 것은 아니다. 창작이란 몸뚱이가 어디에 있고 뭘 하든, 머리 한구석은 계속 일을 하는 상태니까. 그나마 책상을 벗어나면 적어도 엉성한 작업물을 들여다볼 필요는 없으니 일단 도망치고 보는 것이다.

아니, 솔직히 말해보자. 정말 도망인가? 진짜로? 리베카 솔닛은 『걷기의 인문학』에서 이렇게 말했다. "생각이 가장 잘될 때는 그 행위를 뭔가 다른 행위로 위장할 때다. 가장 효과적인 위장 행위가 바로 산책이다." 그러니까 마치 작업을 중단하는 것처럼 책상을 벗어나 밖으로 나가는 것, 그걸 '도망'이라고 표현하는 것은 나 자신을 속이

려는 제스처와 다름없다.

"아, 몰라. 잠깐 쉴래. 허리도 아프고 그냥 운동 삼아 나가는 거야. 아무 생각하지 말고 머리 좀 식히자고."

겉으론 이렇게 말하지만 내 마음 저 깊은 곳에서는 새로운 아이디어가 떠오르기를, 엉켜 있는 생각의 실마리가 풀리기를 간절히 염원하고 있다.

그래서 — 산책이든 도망이든 — 어디로 가는가?

망원유수지 체육공원으로 간다. 넓은 부지에 축구장, 족구장, 농구장, 게이트볼장, 소프트 테니스장, 풋살장, 인라인 연습장 등의 시설과 다수의 체력단련 운동기구들이 갖춰져 있지만, 나는 오로지 트랙만 돈다. 빙글빙글 돈다. 한 바퀴 도는 데 내 짧은 다리로 600걸음이 든다. 음악이나 팟캐스트 같은 건 일절 듣지 않고 멍하니 앞만 보고 걷는다. 단조로운 풍경과 단조로운 동작은 조금 전까지 흥분 상태였던 나를 차분히 가라앉힌다.

물론 뇌란 녀석은 절대 쉬는 법이 없어, 명상에 드는 것처럼 아무 생각도 하지 않는 평온한 경지에는 오르지 못한다. 작업에 대한 스트레스가 먼저 찾아들고 그다음에는 잡념이 달라붙기 시작한다. 정말이지 세상 쓸데없고 산만하고 어이없는 잡생각들이 마구 갈마든다. 하지만 평소처럼 '지금 뭐 하는 거야, 집중해!'라고 자신을 꾸짖지는 않는다. 그래도 되는 시간이니까. 속마음이야 어떻든 표면적으로 나는 걷기 운동을 하러 나왔으니까 작업실에서처럼 나를 닦달하지 않는다.

이런저런 생각을 흘려보내며 한참을 걷다 보면 머리가 맑아진다. 이 상태만 돼도 작업에 꽤 도움이 된다. 그런데 가끔은 여기서 더 나아가 놀라운 일이 벌어지기도 한다. 며칠 동안 끙끙 앓던 문제가 갑자기 '탁!' 해결되는 것이다. 이 신비한 작용을 어떻게 설명해야 할지 모르겠다. 아주 하찮은 A 생각에서 C로 갔다가 맥락 없이 점프해 H 생각을 하고 있는데 꽉 막혀 있던 Z 문제가 불현듯 생각나면서 '이건 이렇게 하면 되겠는데?'가 되는 것이다! 이게 무슨 조화냐고? 나도 모르겠다고요, 정말.

아마도 잡념 A와 C와 H가 내 무의식 깊은 곳의 어떤 부분을 건드려서 Z와 연결이 됐을 것이다. 어쩌면 트랙에서 내 옆을 스쳐 지나가는 이의 말소리가 Z를 해결하는 단서가 됐을지도 모른다. 저 멀리서 기묘한 자세로 운동하는 할아버지의 기합 소리가 팁을 줬는지도 모른다. 아니 사실 이 화학작용의 밑바탕에는 Z를 해결하고자 하는 내 안간힘이 깔려 있을 것이다. 무엇을 보고 무엇을 듣든 Z와 연결 지으려는 절박한 시도.

그렇다면 더 많은 걸 보고 들을수록 해결 확률이 높아지지 않을까? 똑같은 트랙을 빙빙 도는 일은 단조롭지만, 이 위에서도 볼거리, 들을 거리는 은근히 많다. 체육공원은 아주 넓고, 심하게 궂은 날씨만 아니라면 늘 이용자가 많다. 청소년과 청년들은 농구장과 축구장, 인라인 연습장 쪽에, 어르신들은 테니스장과 게이트볼장 쪽에 주로 몰려 있다. 어린이들은 일단 놀이터를 기지로 삼은 뒤 체육공원의 모든 곳을 뛰어다닌다. 걷거나 자전거로 트랙을 도는 사람들은 남녀노소 골고루 섞여 있다. 두 살 아이부터 여든 노인까지 전 연령대의 사람들이 위화감 없이 어우러질 수 있다는 점이 체육공원의 매력이다.

또한 여기서는 평소 가까이할 기회가 별로 없는 연령대의 사람들도 자연스럽게 관찰할 수 있으니 창작자에게는 보석함이나 다름없다. 관찰이라고 해서 음흉하게 지켜보거나 따라다니는 건 아니니 오해 없길 바란다. 그저 내 시야에 들어오는 걸 보고, 내 귀에 들려오는 소리를 듣는, 소심하고 소극적인 관찰을 말하는 것이다.

시야, 하니까 이 얘기를 하지 않을 수 없다. 어느 깜깜한 밤의 일이다. 트랙을 걷는 내 앞에 이십대 초반으로 보이는 젊은 커플이 꽁냥대고 있었다. 그들이 시속 2km 수준으로 걷고 있었으므로 나는 아무리 천천히 걸어도 점점 그들에 가까워지고 있었다. 나와 그들 사이의 거리가 이제 20m도 채 되지 않아서 '그냥 빠르게 걸어서 지나쳐버려야겠다.' 생각하고 몇 걸음 크게 걷는 순간, 둘이 키스를 하기 시작했다!

어익! 나는 급하게 속도를 늦췄지만 그들은 이제 시속 0km 상태이기 때문에 거리를 유지하는 건 불가능해졌다. 아아, 이젠 너무 가깝다! 이 정도 거리면 시각에 이어 청각에 뭔가 들어올지도 모른다. 저기요, 두 분, 제가 의도치 않게 너무 가까이 있는데 말입니다. 그들이 눈을 뜨고 나를 발견한다면 야외 조명 아래서의 로맨틱한 키스는 중단될 것이다. 뒤에 내가 있는 걸 몰랐었다면 엄청 놀라겠지? 부끄러워하려나? 뭐가 됐든 눈을 마주치고 싶지 않았다. 둘만의 로

오밤중에 트랙을 빙빙 돌면 생기는 일

맨틱한 순간에 멀뚱한 표정으로 끼어든 불청객이 되고 싶지 않았다.

그래서 그 순간 나는 뭘 생각할 틈도 없이 몸을 180도로 홱 돌리고 계속 움직였다. '뒤로 걷기'를 했다는 말이다! 내 평생 어르신들이 하는 걸 보기만 했지 한 번도 해본 적 없고 평생 할 생각이 없던 바로 그 동작을!

그동안 나는 뒤로 걷기를 질색해왔다. 내 앞에서 누가 뒤로 걷기를 시작하면 나와 계속 얼굴을 마주 봐야 하기 때문이다. 너무나도 쑥스럽고 거북하다. 뒤로 걷는 게 아무리 건강에 좋대도 나는 절대로 할 생각이 없었다. 그런 내가 연인을 방해하지 않기 위해 순간적으로 몸을 돌려 뒤로 걷기 시작한 것이다. 그 결과는? 내 뒤에 따라오던 이십대 여성의 얼굴을 마주 보게 되었다……. 아아……. 얼마나 질색했을까……. 미안합니다……. 하지만 다섯 걸음만 더 걸으면 무슨 일인지 알게 되실 거예요. 나는 커플을 지나치자마자 다시 몸을 돌려 앞으로 걸었다. 얼굴이 달아올랐다. 내가 뒤로 걷기를 하다니!

그런데 한편으론 홀가분해지기도 했다. 뒤로 걷기는 어쩌면 중장년만의 특징 같은 거라 내가 거부감을 가졌는지도 몰라. 근데 나도 이제 확연한 중년이잖아? 뒤로 걷고 싶으면 걸을 수도 있지 뭐! 막상 걸어보니 안 쓰던 근육을 쓴 것 같기도 하고? 평생 안 해봤고 안 하려던 일을 처음 해봤다는 사실도 은근히 기분 좋았다. 소소한 경험이지만 언젠가 이야기 쓸 때 도움이 될 수도 있을 거야.

또 이런 일도 있었다. 게이트볼장 옆을 걷고 있는데 어르신들의 대화 몇 마디가 귀에 들려왔고 나는 깜짝 놀라고 말았다. 공을 느릿 느릿 쳐서 데구루루 굴리는, 한없이 느리고 조용한 동작을 하는 그분들의 입에서 엄청난 말들이 쏟아지고 있었다. 옮겨 적을 수는 없지만 굉장히 생동감이 넘치고 파격적이었다.

계속 걸으며 생각에 잠겼다. 노인은 그 몸에서 아이와 청년과 중년이었을 때의 자신을 꺼내 없애고 노인으로만 남아 있는 게 아니다. 노인의 안에는 과거가 모두 담겨 있다. 평범하고 순박한 동네 노인들로 보이지만 저 안에 과거의 혁명가가 있을지, 과거의 연쇄살인범이 있을지 겉만 봐서는 알 수 없다. 앞으로 작품에서 노인 캐릭터를 평면적으로만 사용하면 안 되겠다, 비밀을 숨겨놓기에는 젊은이보다 노인이 훨씬 유리하겠다, 이런 생각을 하며 계속 걷는데, 몇 달 전에 서랍 안에 던져놓았던 고민 K가 갑자기 떠오르면서 해결이 돼버리는 것이다! 이럴 때의 기쁨과 쾌감은 정말 엄청나다. 게이트볼장으로 뛰어 들어가 파격의 언어를 들려준 분께 절이라도 넙죽 올리고 싶어진다.

그뿐인가? 트랙을 돌면서 요즘 중학생들이 웃기거나 화가 날 때 어떻게 말하는지 배운다. 유행하는 패션 아이템이 뭔지도 알게 된다. 음악을 크게 틀고 훌라후프를 돌리는 아주머니들을 몇 차례 지나치며 트로트 한 곡의 후렴구를 그럭저럭 따라 부를 수 있게 된다. 친구와 통화를 하며 걷는 청년의 지친 목소리를 통해 요즘 이십대의 삶이 얼마나 막막하고 고단한지 좀 더 알게 되었다. 이런 식으로 트랙 위에서 주워듣고 배운 게 얼마나 많은지 모른다.

하고많은 곳 중 망원유수지 체육공원에만 무슨 특별한 마법의 힘이 있어서 불우한 창작자에게 영감의 가루를 뿌려주는 건 아닐 터. 어디서나 이런 경험을 할 수 있다. 작업이 잘 안 풀린다? 막혀 있는 창작의 혈을 뚫어줄 영감의 순간, 영감의 공간이 필요하다?

이 두 가지만 기억하자. 첫째, 사람이 많은 곳으로 뛰쳐나가라. 공원도 좋고 카페도 좋고 전철 순환선을 타고 빙글빙글 도는 것도 좋다. 두 번째가 중요한데, 귀에 이어폰을 꽂거나 스마트폰을 들여다보지 말고, 오직 고개를 들어 주변을 보고 들려오는 소리를 들어라. 아무 맥락도 없이 조각조각 잘려서 들려오는 음절들이 말로 설명할 수 없는 이상한 화학작용을 일으켜서는 내 안의 문제를 톡 건드려줄 것이다. 이 글 역시 체육공원의 트랙을 빙글빙글 돌면서 떠올리고 가다듬고 완성했으니 믿어도 좋다.

마치 내일이 없는 것처럼 술 마시는 사이도 좋지만,
내일을 염려해서 술을 뺏어 드는 사이도, 이제는 참 좋다.
건강을 챙기는 사이. 해장 안부를 묻는 사이.
기회가 생길 때마다 말하지만,
이 맛있고 좋은 술 오래오래 마셔야 하니까 말이다.
술은 적당히, 즐겁게. 해장은 충분히, 제대로.

『해장 음식: 나라 잃은 백성처럼 마신 다음 날에는』 177~178쪽

지구에 맞서는
우주적 도전

—

폴대

윤이나

작가.
세미콜론의 책 『라면: 지금 물 올리러 갑니다』 『자세한 건 만나서 얘기해』(공저)
『아니요, 그건 빼주세요』(공저)를 출간했다.
지은 책으로 『미쓰윤의 알바일지』 『우리가 서로에게 미래가 될 테니까』
『해피 엔딩 이후에도 우리는 산다』 등이 있다.

"아휴, 생각보다 나이 많아요. 범띠야."

이십대고 삼십대고 다들 어려워하는 동작을 끈질기게 해내며 오늘 폴 댄스 수업의 에이스가 된 노란 옷의 회원님께 몰래 다가가 "어쩜 이렇게 잘하세요!"라는 말로 대화의 물꼬를 튼 참이었다. 궁금해하는 것처럼 보였던 걸까? 선뜻 먼저 나이를 공개한다. 그런데 범띠가 몇 살이지? '저는 띠를 듣자마자 자축인묘진사오미신유술해 중 한 글자와 출생 연도를 매치시키는 특별한 능력을 갖춘 사람이 아니라서요.'라고 덧붙이고 싶은 내 마음을 읽었는지, 회원님은 작게 속삭였다.

"육십두 살. 많지?"

예순둘도, 육십이도 아닌, 육십두 살. 폴에서 몸을 접고 꼬던 유연함과 놀라운 등 근육을 함께 가진 사람이 환갑을 넘긴 나이라는 게 믿어지지 않았다.

"많아도 오십대이실 줄 알았어요. 폴 댄스는 몇 년이나 하신 거예요?"

"한 3년 정도 됐나?"

난 몇 년이나 폴을 탔더라? 햇수로는 4년, 수업을 들은 기간으로는 나 역시 얼추 3년이었다. 나랑 비슷한 기간 동안 배워서, 환갑이 넘은 나이에 이게 된다고요?

"자기도 잘하면서, 뭘 그래!"

손사래를 치며 화사하게 웃는 회원님 뒤로, 누군가에게 폴 댄스를 '잘하면서.'라는 소리를 듣게 되기까지의 지난한 나의 역사가 흘러갔다.

종로의 폴 댄스 스튜디오에서 범띠 회원님을 만나기 4년 전, 나는 인생 운동을 이미 만났다고 생각했다. 줌바였다. 집에서 5분 거리의 체육센터에서 주에 두세 번 줌바 수업을 듣던 2년은 참 좋은 시절이었다. 첫 줌바 수업을 들은 날을 잊을 수 없다.

수업이 끝나고 둥글게 모인 회원들 앞에서, 선생님이 나를 보며 이렇게 말했다.

"어디 갔다가 이제 오셨어요."

이 멘트로 인해 나는 타고나게 운동 신경이 없는 내가 타고난 흥과 에너지로, 말하자면 기세로 압도할 수 있는 운동을 만났다는 것을 깨달았다. 코로나 팬데믹 이전이라 좋은 시절이었다고 표현했지만, 세계의 사정은 그랬을지 몰라도 그때 나의 일과 삶이 마냥 좋게만 흘러간 건 아니었다. 내가 만든 세계가 나 없이 완성되고, 준비하던 유학이 좌절되고, 무엇을 쓰고 어떻게 살아야 할지 모르는 채로 보내던 매일이기도 했다.

그래도 나는 줌바를 할 때면 웃었다. '세뇨리타'를 애절하게 부르며 손을 뻗고, 라틴 음악의 엇박자에 맞춰 스텝을 밟았다. 툭하면 질리고 싫증을 내는 나라도, 줌바는 계속할 수 있을 것만 같았다. 코로나 팬데믹이라는 게 오지 않았더라면, 폴 댄스라는 걸 하게 되지도 않았을 것이다. 안타깝게도 이 바이러스의 초기 창궐지 중 한 곳이 우리 지역의 줌바 강습소였던 탓에, 줌바는 가장 먼저 금지된 운동이 되어버리고 말았다. 1년 정도 더 배우다가 강사 교육을 받으려던 막연한 계획도 무기한 연기됐고, 나는 인생 운동을 잃었다.

분리형 원룸에 살았던 그 시절, 나는 종종 무력했다. 침대에서 일어나 세 걸음 걸어 거실로 나와 소파에 앉아 밥을 먹고, 다시 세 걸음 걸어 책상 앞에 앉아 글을 썼다. 낮과 밤이 잘 구분되지 않았다. 어떤 쉼표도 구분선도 없이 마감 뒤에 마감이 오는 하루하루가 이어졌다. 다시 운동을 하고 싶어졌다. 마음의 소리를 스마트폰이 훔쳐 들었는지, 인스타그램에 광고가 떴다. 멀지 않은 거리에 새로 오픈한 폴 댄스 무료 체험 광고였다.

체험 수업이 어땠는지는 기억이 나지 않는다. 충격을 받은 기억만 있다.

'폴 댄스라는 게, 춤…… 아니었어?'

적어도 초보자에게 폴 댄스는 춤 비슷한 것조차 아니었다. 팔과 등의 근력을 이용해 폴을 붙잡고 있는 것 자체가 어려웠다. 손이 아닌 몸으로 폴에 붙어 있으려고 하면, 폴과 닿아 있는 피부 표면에서 끔찍한 고통이 느껴졌다. 댄스가 되는 건 아주 나중의, 한참 높은 수준의 일이었다. 그런데 대체 왜 폴 댄스라고 하는 걸까? 세로 철봉을 잡고 하는 줌바쯤으로 생각하며 체험 수업을 예약한 나는 완벽하게 속은 기분이었다. 줌바가 그리웠다. 지나치게 못하는 나를 직면하는 일에 기력을 쏟아 혼이 나간 채로 앉아 있던 등록 상담 시간, 강사가 회원 유치를 위해 포장을 둘러싸서 건네는 말 속의 알맹이도 초라하기 그지없었다.

"처음부터 잘하는 사람이 어디 있겠어요? 그러면 다 강사 하지."

(못한다.)

"신체적인 조건이 더 좋은 분들이 있지만, 그게 전부는 아니에요."

(너의 신체적인 조건은 폴 댄스에 맞지 않다.)

"천천히 하다 보면 다 되게 되어 있어요."

(지금은 안 된다.)

"폴 댄스를 꾸준히만 하면, 근력은 확실히 기를 수 있어요."

(그런데 꾸준히 할 수 있겠니?)

그래서 등록했다. 본격적으로 휘몰아치는 마감들이 찾아오기 전이었다. 그전에 근육을 만들어둬야만 했다. 흔히들 작가는 '엉덩이 힘'으로 글을 쓴다고 한다. 이 표현은 주로 진득이 책상 앞에 앉아 있는 끈기와 인내가 작가에게 필수적이라는 의미로 사용되지만, 삼십대가 되어서야 본격적으로 운동을 시작한 내가 깨달은 진실은 조금 달랐다. 마음이나 의지보다는, 앉아 있을 수 있는 몸을 만드는 게 우선이다.

책상에 오래 앉아 공부를, 일을, 글쓰기를 하는 게 힘든 사람에게 필요한 건, 앉아서 버텨보려는 의지가 아니라 스쿼트다. 디스크가 탈출하기 전에 코어 근육을 잡아야 하고, 과부하가 온 뇌에는 유산소 운동으로 산소호흡기를 대주어야 한다. 이 모든 걸 몸으로 깨달으며 적지 않은 병원비를 쓴 뒤, 글 쓰는 사람으로서 나의 쉼표는 운동이 됐다. 생각이 꺼지지 않는 직업을 가진 사람에게 운동만큼 좋은 스위치는 없다.

폴 댄스는 꽤 비싼 스위치였다. 그래도 힘든 운동이니까 그 값을 해줄 것만 같았다. 이 운동이 잡다하게 뻗어나가는 내 생각을 꺼주

지구에 맞서는 우주적 도전

고, 앞으로 닥쳐올 마감의 파도를 버텨나갈 코어 힘을, 엉덩이 힘을, 마음의 근력을 길러주기를 바랐다.

물론 내 삶이 늘 그렇듯이 뜻대로 되지는 않았다. 성인이 취미로 무언가를 배울 때는 '못하는 나'를 견디는 능력이 제일 필요하다는 말이 있다. 나는 수업마다 열등생인 나를 견뎌야만 했다. 수없이 많은 회원이 빠르면 1개월, 길어봤자 2~3개월이면 내 수준을 훌쩍 뛰어넘는 모습을 지켜보면서도 견딘 이유는 운동 효과만은 확실했기 때문이다. 폴에 매달리기만 해도 몸이 지치는지 잠이 잘 왔다.

실력이 느는 건 영 요원해 보이던 6개월 차, 착지를 하다가 왼쪽 발목이 꺾이고 말았다. 실력이 늘다가 다쳤으면 서운했을 텐데, 시작할 때나 지금이나 똑같으니 차라리 잘됐다 싶었다. 쉬면서 다른 운동을 찾아보는 게 나을 것 같았다. 이 정도면 충분히 했잖아? 하지만 얼마 지나지 않아 다시 학원을 찾아간 나는 1년 수업을 등록하게 되는데…….

폴 댄스를 다시 하겠다는 말에 친구들은 왜냐고 물었다. SNS에 올리는 영상을 보면 시종일관 못하고, 별로 재미있어하는 것 같지도 않고, 수업 비용도 적지 않은 데다가 부상까지 안겨준 운동을 대체 왜? 나도 궁금했다. 아니, 이렇게 지독하게 못하는데 굳이 왜?

뭐 대단한 이유가 있어서는 아니었다. 우선 못해서 그만하는 건 자존심이 상했다. 적어도 초급 콤보 1분 정도는 해낸 뒤 관두고 싶었다. 다른 회원들은 한 달에도 해내는 걸 반년 동안 못한 상태로 멈추는 게 자신에게 창피했다. 그리고 그사이 새로운 일을 둘러싼 상황이 변해 있었다. 쓰고 있는 글이 무엇이 될지, 되기는 하는 건지 알 수 없는 시간이 길어지면서, 일상의 무엇이든 포기하면 안 될 것 같았다. 포기가 버릇이 될까 무서웠다. 일을 통해서는 도저히 답을 찾을 방법이 없었기 때문에, 폴 댄스에서만이라도 '계속하면 잘하게 되지는 않더라도 할 수는 있게 된다는 것'을 확인하고 싶었다.

그렇게 3년 더 폴 댄스를 했다. 그동안 쓰는 일은 늘 그렇듯 어떤 답도 알려주지 않고, 아무것도 보여주지 않았다. 그래서 더 폴 댄스를 그만둘 수 없었다. 그사이, 마포에서 종로로 이사를 했고, 새로운 곳에서 새로운 방식으로 다시 폴을 잡고 배우면서 4년 차 폴러가 됐다. 그렇게 계속하던 어느 날, 거울 속 내 몸에 복근과 등 근육이 자리 잡은 것이 보였다. 동작 자체에 의의를 뒀던 움직임이 비로소 댄스에 가까워졌다. 계속했더니, 늘었다. 잘하지는 않았지만, 할 수 있게 됐다. 놀랍게도.

이상한 일이었다. 폴 댄스는 줌바와 다르게 좋지도 재미있지도 않았다. 오직 계속했기 때문에 좋아졌고 재미있어졌다. 처음 하는 경험이었다. 이전까지 나는 내가 잘하고 재미있는 것만 계속할 수 있는 사람인 줄 알았는데. 글을 계속 쓸 수 있었던 것도 그래서였다. 쓰는 일은 괴로웠지만 재미있었고, 적어도 못 쓰는 것 같지는 않았다. 그래서 썼고, 작가로 살았다.

하지만 내 글을 읽는 사람과 읽고 싶어 하는 사람이 너무 적다는 생각이 들 때마다 이런 식으로 언제까지 먹고살 수 있을지 답답해지곤 했다. 그러면 재미가 없어졌다. 이렇게 계속 책이 잘 팔리지 않고, 몇 년 동안 쓴 대본이 드라마로 만들어지지 않는 일이 계속된다면, 쓰지 않게 될 것 같았다. 계속 잘할 수 있고 재미있을 리 없으니까. 나는 재미가 없으면 계속할 수 없는 사람이니까.

하지만 재능이 없어도, 못해도, 재미있지 않아도 계속할 수 있는 일이 있었다. 계속할 때만 알게 되고, 보이는 것이 있었다. 다른 사람보다 한참 모자란 나를 견디며 계속하다 보면 그 일을 좋아하게 되기도 하는데, 하물며 난 글 쓰는 일을 꽤 좋아하지 않는가. 아무것도 쓸 수 없었던 시간은 이미 흘러갔으니, 계속 쓴다면 뭔가를 보게 되지 않을까? 그만 쓸 이유나 읽지 않는 사람 같은 건 생각하지 않고, 내 글의 필요나 쓰임이나 가치에 대해서 너무 깊이 고민하지 않고, 일단 계속 써나간다면. 책이 안 팔리는 시기를 견디고, 나만 읽게 되는 글이 쌓이는 시간도 버티다 보면, 계속할 이유는 저절로 생겨나지 않을까? 마치 폴 댄스처럼 말이다.

실은 폴을 잡고 있는 동안은 이런 거창한 생각이 끼어들 틈이 없다. 폴을 잡는 순간 생각의 스위치는 꺼진다. 폴을 다치지 않고 잘 타볼 생각만 한다. 살아가는 힘을 기르는 데 근력 운동만 필요한 건 아니라서 달리기도 하고 수영도 하고 등산도 하지만, 폴 댄스는 이제 내가 좋아한다고 말할 수 있는 운동이자 최애 스위치다.

나는 폴 댄스가 여성의 육체를 전시하는 행위, 보여지는 몸과 연결되어 복잡한 고민을 이어가게 만드는 운동이라서 좋다. 수업마다 다른 동작을 배우기 때문에 지루하지 않다. 폴 댄스를 더 잘하게 되려면 반드시 두려움을 무릅쓰는 단계가 있다는 것이 좋다. 어느 정도는 위험하다는 점까지도 충동과 승부욕이 높은 나를 자극한다.

내 무게를 지탱할 힘을 길러주는 운동이라는 게 특히 멋지다. 무엇보다 중력을 거스르는 운동이라는 것이 가장 마음에 든다. 폴을 타는 1분은, 지구가 날 끌어당기는 힘에 맞서는 우주적인 도전이다. 그 1분 남짓을 위해 20분 넘게 스트레칭과 근력 운동을 하고 30분 이상 동작을 배워야 하는 지독한 비효율이 좋다. 그래서 이제는 할 수 있는 걸 넘어, 잘하고 싶다. 잘 타고 싶다. 계속, 오래.

그러니까 범띠 회원님은 내가 계속, 오래 폴을 탈 수 있다는 걸 알려준 사람이었다. 무려 육십두 살까지, 그 이후로도 계속 폴을 탈 수 있는 것이다. 그만두지만 않으면 성장한다는 걸, 느려도 계속하면 된다는 걸 알게 된 4년이었으니 쉰에도 예순에도 계속하기만 하면 된다. 그때도 늘고 있을 테니까, 아무리 느리더라도.

그래서 회원님의 오늘을 본 게 참 기쁘다는 갑작스러운 말을 하는 대신 양손 엄지를 치켜들고 이렇게 말했다.

"정말 대단하세요. 제 롤모델이에요!"

회원님은 손으로 살짝 입을 가리고 부끄러운 듯 내게 말했다.

"아유, 참. 은희 언니라고 불러요."

앞으로도 연필을 잡고 있는 게 싫증 나면 폴을 잡으러 갈 것이다. 그러다 보면 나보다 어릴 것이 틀림없는 친구가 '저 나이에도 폴을 타네.'라는 표정으로 날 쳐다보는 날도 찾아오게 되겠지. 그러면 다가가 이렇게 속삭여줄 테다.

"저 돼지띠예요."

만화 〈꾸러기 수비대〉를 본 세대거나 띠로 나이를 세는 데 익숙한 친구라면 단번에 내 나이를 맞출지도 모른다. 그러면 띠를 두 바퀴쯤 돌았다는 걸 깨달은 상대의 눈이 커지고, 나는 묻지도 않은 말을 할 것이다.

"폴 댄스? 몇 년이나 했는지 모르겠네. 이제 세기도 귀찮아. 하지만 계속했다는 건 확실하지. 지금도 하고 있잖아요. 그리고 말이에요…….

이나 언니라고 불러요."

그리고 이제는 한 발 더 나아가 삶이 무겁다고 생각될 때면
언제든 내 옆의 여자들에게 도움을 구하려고 해요. (……)
내 옆의 누군가가 길을 잃은 것 같다면,
나침반을 같이 보고 방향을 찾아보자고 말할 겁니다.
누군가에게는 그게 탈출이고,
그게 한 세계를 떠나는 일일 수 있다는 것을 잊지 않으면서요.
이게 바로 지난 몇 년, 한국이라는 나라에서
살아가는 일의 무게를 나누어 지고 일상을 가볍게 만들어준
여자들에게 건네는 저의 감사 인사입니다.

『자세한 건 만나서 얘기해』 28~29쪽

육아와 일이라는
삶 속에서
나만의 동굴 찾기

—

요가 매트

민혜원

북 디자이너.
세미콜론의 책 『무서운 그림』 『좋은 디자인을 만드는 33가지 서체 이야기』 외
다수를 디자인했다.
지은 책으로 『해외에서 디자이너로 살아가기』 등이 있다.

출판사 인하우스 디자이너로 5년, 그 이후 프리랜스 북 디자이너로 15년 차에 접어들면서 점점 더 드는 생각은 디자인이 너무 어렵다는 것이다. 쉬운 적이 언제 있긴 했겠냐마는, 요즘처럼 쫓기는 듯한 기분으로 작업한 적은 없는 것 같다. 매번 엄마 손을 잡고 학교나 학원을 가려는 아이의 성향 때문에, 아이와 길에서 보내는 시간이 많아지고 상대적으로 작업할 수 있는 시간은 적어지니 자연스레 조바심이 생겼다. 아이가 학교나 학원에 간 틈새 시간을 쪼개 일하고, 어느 한 곳에서 작업하기보다는 상황에 맞춰 아이와 가까운 장소에서 대기하면서 작업한다. 그러다 보니 순수하게 일할 수 있는 시간과 그에 따른 마음가짐도 달라질 수밖에 없다. 아직도 내 자리에서 균형을 잘 잡고 서 있는지 의문이 들 뿐이다. 엄마라고 불린 지 9년 차라 이 삶도 익숙해질 때도 되었건만.

 앞으로 디자이너라는 직함보다 엄마라는 명칭이 더 우위를 점하는 시점이 온다는 것도 인지하고 있다. 그렇지만 아이 위주보다는 나 자신이 주체가 되는 삶을 살고 싶다. 이런 과욕이 육아와 부딪치면서 간혹 나는 아이에게 상처 주는 말을 내뱉곤 한다. 물론 엄마와 함께하고 싶은 아이의 마음은 이해하지만, 때로는 어쩔 수 없는 상황 때문에 힘들다. 예를 들어 마감하느라 날이 곤두서 있는 내 옆에서 아이가 알짱거리며 신경을 건들면 나도 모르게 요동치게 된다. 작업 피드백뿐만 아니라 아이에게도 민감하게 반응하지 말자며 감정을 조절하려 하지만, 이 또한 쉽지 않다. 아직 아이는 엄마의 손길이 필요하고, 약한 존재라는 것을 알면서도 말이다.

아이와 보내는 시간뿐만 아니라 작업하면서도 종종 위기는 찾아온다. 시안을 보내고 클라이언트의 피드백을 받아 수정하다 보면 '시안을 보냈을 때는 좋다고 해놓고 왜 이렇게 다 고치는 거지?'부터 '내 디자인적 소견을 무시하는 건가?' '아니, 이러려면 그냥 본인이 하시지.' 등등, 하지 말아야 하는 생각이 든다. 스스로를 좀먹는 생각이나 감정이 나에게 휘몰아칠 때 조심해야 한다. 괜히 옆에 있다가 불똥이라도 튈 수도 있으니 말이다. (보통은 눈치 없이 주변에 있는 아들이 주된 몰매의 대상이다.) 아이디어가 더 이상 나오지 않아 '아, 정말 내 디자인 경력은 여기가 끝인가 보다. 못하겠다고 말해야겠다.'라고 마음먹은 적도 있다.

이럴 때마다 잠시 '나만의 동굴'에 들어가 안정을 찾고 심기일전한다. 요가 매트를 꺼내 들고 따라 하고 싶은 동영상을 찾아 요가 매트 위에서 나만의 시간을 갖는다. 간혹 아이가 본인 매트를 들고 와 어린이 요가 동영상을 재생할 때도 있는데, 그 귀여운 모습에 일 때문에 생긴 화가 가라앉고 웃음이 난다. 함께 하는 요가는 아이와 다퉜을 때 자연스럽게 화해하는 데도 효과가 좋다. 요가 자세에 대해 서로 조언하고 지적하다 보면 말 꺼내기가 어렵던 이야기도 쉽게 나눌 수 있다.

이렇듯, 육아와 일이라는 두 가지를 모두 해내기 위해 내가 선택한 방법은 바로 '나만의 동굴에 들어가기'이다. 나만의 동굴이란 디자인이 잘 안 풀리거나 일의 초점이 흐려질 때 찾는 공간으로, 요즘은 아이와의 거리를 두고자 할 때도 찾는 곳이 되었다. 표현은 거창

하지만 사실 동굴이란 것은 별거 아니다. 일종의 감정 해우소 같은 곳으로, 나에겐 바로 요가 매트 위다. 더불어 중요한 건 동굴에 들어갈 타이밍이다. 아이에게 화내거나 강압적으로 행동하기 전, 작업하며 받은 스트레스로 나 자신이 잠식되기 전, 일과 사람 사이의 모든 관계가 걷잡을 수 없는 상태로 망가지기 전이 그 순간이다.

요가 매트라는 나만의 동굴은 우연히 찾았다. '동반 등록 할인 행사'라는 친구의 꼬드김에 넘어가 퇴근 후 찾게 된 스포츠센터의 요가 클래스에서 머리가 투명해짐을 경험했다. 평소에 하지 않던 동작으로 몸을 움직이다 보니 일에 관한 고민 자체를 할 수 없었고, 동작 하나하나에 신경을 쓰며 바른 자세를 취하기 위해 노력하다 보니 생각이 멈췄다. 비로소 나에게 공백이 생겼다. 다른 것으로부터 벗어나 오로지 나 자신에게 집중할 수 있는 자리를 찾은 것이다. 신체를 움직이며 육체의 피로를 풀고, 명상을 통해 정신적 피로를 해소하며, 자신을 살피는 과정에서 본인에 대해 좀 더 자세히 알아가기 위한 적합한 장소가 나에겐 요가 매트다.

아이를 낳은 뒤에도 찾아간 요가 교실은 달콤한 쉼터였다. 당시에는 요가보다는 아이와 잠시 떨어져 있을 수 있는 공간이 있다는 사실만으로도 숨이 트이는 것 같았다. 낮 동안 육아를 도와주는 이모님이 계셨는데도 아이와 그다지 분리되지 않는 집 안 공간에서 24시간 아이와 함께 생활한다는 것이 버거웠다. 그래서 요가를 하고 오는 잠시나마의 외출이 기꺼웠다.

코로나 시기에는 더 이상 외출할 수 없어 거실에 요가 매트를 폈다. 여럿이 함께하던 공간에서 혼자만의 공간으로, 자연스레 공간의 부피는 작아졌지만 이 또한 괜찮았다. 내게 필요한 공간은 요가 매트 위, 그 정도면 충분하기 때문이다.

　굳이 요가일 필요가 있냐고, 몸만 움직이면 되는 것 아니냐고 물을 수도 있겠지만 여기서 중요한 것은 요가가 나에게 쉼과 같은 행위라는 점이다. 몸이 힘들면 생각이 없어지니 몸을 혹사하는 것도 한 방법이겠다 싶어 다른 운동들도 시도해보았다. 헬스클럽에 등록하고 해본 피트니스 트레이닝은 트레이너와 수다를 떨다 시간이 다 갔다. 발레는 거울에 비치는 내 모습을 다른 이와 비교하고, 우아하게 보이는 동작에만 신경을 쓰다가 결국엔 타고난 신체적 불리함을 이겨낼 수 없었다. (아마추어에게는 신체적 피지컬을 이겨낼 재간이 없다.) 필라테스는 갈비뼈를 움직여야 하는 호흡법 때문에 스트레스만 받았다. (요가와 다른 이 호흡법이 이상하게도 난 안 되더라.) 승마는 나보다 말에게 더 신경을 쓰다가 끝나버렸다. 다시 생각해보니 내가 요가를 좋아한 이유에는 같이 수업받는 사람들 사이에서 남들 눈치 안 보면서 슬쩍슬쩍 몰래 쉬었던 것도 한몫한 것 같다. 일대일로 수업받는 피트니스 트레이닝과 승마는 트레이너의 눈을 피할 수가 없었고, 요가보다 수업에 참여한 사람 수가 확연히 적었던 필라테스나 발레 또한 자세에 대한 선생님의 관심과 지적이 너무 많았다.

　요가 동작 중에 내가 제일 좋아하는 자세가 시체 자세 또는 송장 자세라고도 하는 '사바아사나(Savasana)'이니 무슨 말이 더 필요할까 싶다. 요가 수련 후 마지막에 진행되는 이 자세는 말 그대로 매트 위에서 시체처럼 누워 쉬는 동작이다. 몸 전체를 신경 쓰고 집중했던 순간을 끝내고 휴식을 취하면 비로소 몸과 마음에 고요함이 찾아온다. 사바아사나 자세에 관한 설명은 어디서나 쉽게 접할 수 있으니, 한번 해보기를 권하고 싶다. 처음에는 잠들기 쉬운데 코까지 골면서 잠들게 된다면 곧 내가 아닌 척 태연하게 호흡을 정리하고 가부좌를 틀면 된다. 가끔 코 고는 소리를 듣는 건 한 번씩 경험해봐서 다들 그러려니 하니, 코골이의 주인공이 될까 봐 걱정할 필요 없다.

몸을 이완시키고 감정과 생각을 요가 매트 위에서 비우고 나면 다시 새로운 것으로 채울 수 있는 흰 도화지 같은 상태가 된다. 흰 도화지 같은 상태가 되는 것. 이것이 중요한 이유는 내 작업 방식과 관련이 있다. 나는 아이디어를 노트에 생각나는 대로 그려보거나 끄적이기보다 머릿속에서 구상하는 편이다. 대학생 시절 생긴 버릇인데, 학교 과제를 하면서 디자인 회사에서 아르바이트를 하다 보니 컴퓨터 앞에 앉아 작업할 시간이 부족했다. 그래서 생각해낸 대안이 이동할 때 그리고 잠깐이라도 틈날 때 하던 공상이다. 처음에는 머리를 쓰는 것만으로도 열량 소모가 엄청나서 다이어트도 된다는 사실에 그저 놀라웠고, 줄어드는 체중만큼 그 방식에 중독되었다. 그리고 내 작업 방식으로 고착되었다.

학교를 졸업하고 디자인 회사에 다닐 때도 같은 방법으로 작업하다 보니 일의 업무량만큼 머릿속이 복잡해져 과부하에 걸렸다. 회사뿐만 아니라 퇴근길 버스 안에서, 밥을 먹는 식탁 위에서, 자기 전 침대에 누워 언제나 머릿속에 하얗고 네모난 공간을 만들고, 그곳에 검은 글자를 이렇게 저렇게 옮기는 나 자신을 발견한 것이다. 실제로 이 방법은 컴퓨터로 도큐먼트를 만들고 그리드를 잡아보는 것보다 디자인이 훨씬 그럴싸하게 보이는 효과가 있었다. '오, 나 좀 하는데……' 하는 자신감이 다른 디자인 시안을 마구잡이로 파생시키면서 꼬리에 꼬리를 무는 아이디어가 떠오른다. 그리고 마음에 드는 작업을 발견했을 때 넣어둔 기억의 조각을 찾아 머릿속에 그려놓은 디자인에 적용해보기도 한다. (물론 아무것도 없는 상태에서 디자인이 샘물처럼 쏟아지는 것은 아니니, 평소에 디자인을 눈여겨보고 찾아보는 행위를 게을리하면 안 된다.) 마구잡이로 생겨난 사고 때문에 복잡해진 머릿속, 원래의 목적을 잃고 엉뚱한 방향으로 흘러간 디자인, 그로 인해 떨어진 집중력과 창의력. 이런 단점들은 머릿속에 아이디어를 구성하는 작업 방식을 선택한 자가 감당할 몫이지만, 적절한 브레이크가 있다면 해볼 만하다.

　나도 모르게 엉킨 생각의 실타래를 대면한다면 요가 매트를 들고 거실로 나가자. 아주 잠깐이라도 생각을 비우고 나면 비로소 다른 것이 보이기 시작한다. 좀 전에 했던 행동이나 말을 객관적으로 되돌아보고, 디자인의 콘셉트가 무엇이었는지 다시 상기한다.

　요가 매트 위 나만의 동굴에서 아주 잠시 갖는 쉼으로 마음의 부담감을 떨쳐내고, 새로운 해결책을 찾을 수도 있다니 이보다 더 효율적인 선택은 없을 것이다. 찰나의 선택으로 나를 비움으로써, 다시 시작할 수 있는 용기도 덤으로 얻을 수 있다.

솔직히 묻기도 전에 그들 역시
나와 같을 거라는 편견에 사로잡혀 있었다.
퇴근하고 집에 들어와 쉬기만 해도
하루가 빠듯하긴 마찬가지일 테니.
그런데 인터뷰를 해보니 잠자기에도 부족하다고 생각한
그 시간에 다른 사람들은 많은 일을 하고 있었다.
자신처럼 해외 진출을 꿈꾸는 후배들에게
도움을 주는 블로그를 운영하고,
그러면서도 업무 외의 디자인 봉사활동까지
하는 사람도 있었다.
물론 여전히 나는 그렇게 부지런하게 살 자신은 없다.
하지만 그 삶을 자세히 들여다보면,
시발점은 의외로 간단함을 알 수 있다.
바로 자신이 앞으로 어떤 모습이고 싶은지
계속해서 되묻는 것이다.

『해외에서 디자이너로 살아가기』 276~277쪽

4장

—

몸과 마음을 씻는 공간

집 안의
작은 오아시스
—
욕조

하완

일러스트레이터. 작가.
세미콜론의 책 『저는 측면이 좀 더 낫습니다만』을 출간했다.
지은 책으로 『하마터면 열심히 살 뻔했다』 등이 있다.

순수의 시공간

쉬고 있는데도 쉬고 싶다는 생각이 들 때가 있다. 몸은 쉬고 있지만 정신은 온전히 쉬지 못할 때, 온갖 생각들로 머릿속이 복잡할 때면 머리의 전원 스위치를 내려버리고 싶은 마음이 간절하다.

전원 스위치를 끄는 방법을 하나 알고 있다.

그건 바로 목욕이다. 김이 모락모락 피어오르는 뜨뜻한 물에 몸을 푹 담그면 분주하던 머리도 생각을 멈추고 그제야 진정한 휴식이 찾아온다. 그런 의미에서 내게 목욕은 몸을 위한 행위가 아닌 정신을 위한 행위처럼 느껴지기도 한다.

욕조에 물을 받는 동안 옷을 벗는다. 거울 앞에 알몸으로 선다. 가려줄 것도, 꾸며줄 것도 없는 순수한 상태의 맨몸은…… 정말 볼품없다. 못 봐주겠다. 살찌고 늘어진 추한 몸을 보고 있자니 이게 진짜 내 모습이구나 싶어 조금 서글퍼진다. 수많은 것들에 가려져 몰랐던 나의 알맹이. 그렇게 많은 옷을 사 입으면 뭐 하나. 결국 하찮은 내 봉불을 가리기 위한 그럴듯한 포장지일 뿐인데. 괜히 마음이 복잡해진다. 아무튼.

껍데기는 가고 알맹이만 남는다. 목욕물 앞에선 누구나 진짜 자신으로 돌아가야 한다. 가장 연약하고 가식 없는 순수한 모습으로. 기꺼이 무방비 상태가 된다. 그래서 목욕은 위험한 일이기도 하다. 안전이 보장되지 않은 장소에서 목욕은 위험천만하다. 집이라는 안전한 공간, 그 안에서도 문을 걸어 잠그고 완전히 밀실이 된 욕실 안에서 행해지는 목욕은 더없이 안전하고 비밀스럽다.

물이 다 받아졌다. 욕조에 몸을 담근다.

으아! 시원하다.

입에서 감탄사가 터져 나온다. 어렸을 땐 어른들이 그렇게 말하는 걸 이해하지 못했는데, 이제는 내가 그 표현을 쓴다. 나도 어느새 어른이 됐다. 하지만 목욕하는 동안은 다시 어린아이가 된 듯한 기분을 느낀다. 물속에서 내가 하는 거라곤 첨벙첨벙 물장구를 치는 게 전부고 그때마다 변하는 물의 모양을 넋 놓고 지켜볼 뿐이다. 어릴 땐 시냇물이 흘러가는 것이나 개미들이 바삐 움직이는 걸 질리지도 않고 몇 시간이고 지켜보곤 했다. 나이가 들면서 그런 자연의 움직임에 대한 흥미나 감탄을 잃어버리게 됐다. 자극적인 맛에 길들어 순수한 즐거움을 잊은 걸까. 목욕하는 동안에는 딱히 할 일이 없기 때문에 다시 어린아이가 된다.

나는 욕조라는 섬에 유배당한 죄수다. 꼼짝없이 아무것도 하지 않은 채 시간을 보낼 수밖에 없다. 그리고 이런 시간이 필요했음을 느낀다. 무료함을 만끽하는 시간. 욕조가 아니었다면 조금의 지루함도 참지 못하고 스마트폰을 집어 들었을 게 뻔하다.

목욕하는 동안 지루하지 않게 책을 읽거나 영화를 보는 방법도 있을 것이다. 나 역시 시도해보았지만 물에 젖지 않게 책이나 전자기기를 사용하는 게 여간 성가신 일이 아니다. 손에 물이 닿으면 안 되는 목욕은 불편하기 짝이 없다. 그래서 독서니 영화 감상이니 하는 것들은 다 집어치우고 그냥 목욕에만 집중한다.

음악도 듣지 않는다. 이곳은 고요의 바다. 희뿌연 수증기와 출렁이는 물소리만이 공간을 가득 채운다. 지구에 생명체가 살지 않았을 태고의 풍경이 이렇지 않았을까. 정신이 아득해지고 졸음이 쏟아진다. 욕조는 어느새 요람이 되고 물은 따뜻하게 내 몸을 감싸는 이불이 된다. 몸을 웅크린 채 어린 시절의 낮잠을 잔다. 어쩌면 엄마 뱃속에서 자던 잠이려나.

얼마나 시간이 지났을까. 물이 많이 식었다. 욕조의 물은 한 시간도 버티지 못하고 온기를 잃는다. 그렇다면 이제 슬슬 일어나야 할 시간이다. 이제부터는 할 일이 있다. 바로 때를 미는 일이다. 뜨거운 물에 몸을 불리고는 때를 안 민다? 그건 한국인으로서 용납할 수 없는 일이다. 때를 미는 게 피부 건강에 안 좋다고 말하는 의사도 있지만, 그러거나 말거나 나는 밀어야 속이 시원해지는 쪽이다.

누구나 때를 미는 자신만의 방식이 있을 것이다. 나의 경우는 다리부터 시작해 위로 올라오는 식으로 때를 민다. 쓰으윽, 쓰으윽. 종아리만 살짝 밀었을 뿐인데 벌써 풍년이다. 수확량이 많아 기분이 좋다. 때를 논으로 바꿀 수 있는 것도 아닌데 왜 기분이 좋을까? 아마 눈에 보이지 않던 노폐물을 눈으로 확인하는 신기함과 개운함이겠지. 나는 이만큼이나 더러웠구나. 반대로 때가 많이 나오지 않으면 좀 서운하다. 내 몸을 씻기고 깨끗한 상태로 되돌리는 마음은 세차나 빨래를 하는 마음과 비슷하다. 그동안 수고했어. 깨끗한 모습으로 다시 시작해보자.

때를 열심히 밀었더니 힘들다. 때를 미는 건 은근히 체력 소모가

심하다. 얼추 다 밀었으니 이제 마무리를 한다. 샴푸로 머리를 감고 온몸에 비누칠을 한 다음 욕조에 담긴 물을 바가지로 떠서 몸을 충분히 헹군다. 수건으로 물기를 닦고 화장실 문을 열면 안쪽 공기와는 대비되는 시원한 바깥 공기가 나를 반긴다. 올라갔던 체온이 단박에 식는다. 그 순간의 상쾌함이란. 여러모로 목욕 후의 기분은 최고다.

목욕을 하고 났더니 몸과 마음이 가벼워졌다. 과장 조금 보태서 새로 태어난 것 같은 기분. 그렇게 새로운 상태에서 다시 시작한다. 뭐 얼마 가지 않아 다시 때 타고 더러워지겠지만, 그럴 때마다 욕조는 나를 씻기고 쉴 수 있게 자장가를 불러줄 것이다. 그렇게 영원히 함께할 줄 알았던 나의 욕조인데…….

욕조가 사라졌다

1년 전쯤 이사를 했는데 새로 이사한 곳엔 욕조가 없다. 내가 좋아하던 욕조의 시간이 사라졌다. 아쉽다. 하지만 어른은 욕조가 없다고 울지 않는다. 성숙한 어른이라면 욕조에 연연하지 않고 씩씩하게 다른 방법을 찾아야 한다.

목욕 말고도 머리를 쉬게 할 방법을 몇 개 안다. 오랫동안 산책을 한다거나 예쁜 카페를 찾아간다든가, 다양한 방법으로 일상을 벗어나 쉬는 시간을 갖는다. 여행도 좋은 방법이긴 하지만 상당히 품이 많이 드는 일이라 바로 시행할 수 없다는 단점이 있다. 우리에겐 소소하고 즉각적인 방법들이 필요하다. 팍팍한 일상 속 오아시스처럼 간단하지만 확실한 쉼터를 많이 만들어둘수록 삶이 더 잘 굴러간다고 믿는다.

누구에게나 휴식이 중요하겠지만 창작을 하는 사람에겐 휴식의 중요성이 더 크다. 뇌과학자들이 어떨 때 뇌가 창의적이 되는지 연구해보았더니, 바로 놀 때 뇌가 가장 창의적이 된다고 했다. 열심히 일하는 뇌는 창의적일 수 없다. 대부분의 놀라운 아이디어는 놀고 쉬고 아무것도 하지 않을 때 떠오른다. 어려운 문제를 풀지 못해 고민하던 아르키메데스도 머리를 식히러 갔던 목욕탕에서 해답을 찾고는 '유레카'를 외치지 않았던가. 내가 괜히 목욕을 좋아하는 게 아니다. 그나저나 목욕 얘기를 하다 보니 목욕이 너무 하고 싶다. 샤워만으로는 뭔가 부족하다. 오늘따라 욕조가 몹시도 그립다.

목욕탕에라도 가볼까?

대중목욕탕엔 잘 가지 않았다. 집에 욕조가 있는데 굳이 밖으로 나가서 씻어야 하나 싶어서다. 귀찮기도 하고. 아내는 집에서 하는 목욕으론 부족하다고, 목욕은 목욕탕에서 해야 제대로라고 주장하며 목욕탕에 가사 하는데 나는 이런저런 핑계를 대며 거절하기 바빴다. 그런데 이번엔 내가 먼저 목욕하러 가자고 말했다. 그녀의 눈이 반짝인다.

"한 시간 반 후에 여기서 다시 보자."

나는 남탕, 그녀는 여탕. 이별이다. 목욕탕 입구에서 다시 만날 걸 기약하면서 우리는 헤어졌다. 탈의실 로커에 옷을 잘 벗어두고 알

몸이 된다. 모르는 사람들 앞에서 벌거벗은 몸이 된다는 건 분명 비일상적이고 이상한 일이 아닐 수 없다. 그러나 이곳에선 너무 당연한 일이 된다. 신기하다.

어린 시절엔 대중목욕탕에 자주 갔었다. 일주일에 한 번은 꼭 갔다. 그 시절엔 대부분의 집에 몸을 제대로 씻을 수 있는 곳이 없었다. 욕조도 샤워실도 없고, 당연히 온수도 나오지 않았다. 그래서 주말이 되면 모두 목욕탕으로 우르르 몰려가 일주일 치의 때와 피로를 씻곤 했다.

어린 나는 목욕탕에 가는 걸 그리 좋아하지 않았다. 피로를 몰랐던 때이기도 하고 청결의 필요를 몰랐던 나이였다. 목욕은 그냥 귀찮은 일이었다. 그리고 남들 앞에서 홀딱 벗어야 하는 게 너무 창피했다. 거기에다 욕탕의 물은 너무 뜨겁고, 공기도 답답하고, 때를 미는 건 가죽을 벗겨내는 것처럼 아팠다. 아마 그 시절의 안 좋은 기억 때문에 목욕탕을 꺼리게 된 게 아닐까 싶다.

오랜만에 찾은 목욕탕의 인상은 그리 나쁘지 않았다. 아니, 좋았다. 그리운 느낌이랄까 반가운 느낌이랄까, 기분이 몽글몽글하다. 무엇보다 뜨거운 탕에 몸을 담글 생각을 하니 두근두근 설렌다. 이제는 사람들 앞에서 벌거벗고 있는 게 그리 신경 쓰이지 않는다. 어릴 때는 낯도 많이 가리고 남의 시선을 많이 의식했는데, 어른이 된 지금은 사람들의 눈을 예전만큼 의식하지 않는 것 같다. 또 남의 벗은 몸을 보는 것도 아무렇지 않다. 그래도 너무 뚫어져라 쳐다보면 서로 민망하기 때문에 가능한 한 타인의 몸에 시선을 주지 않으려 노력하면서 내 할 일에만 집중한다.

그러자 놀라운 일이 일어난다. 나에게만 집중함으로 주변은 지워진다. 사람들은 그저 자연환경이 되고 넓은 욕탕은 나만의 비밀스러운 공간이 된다. 자유롭다. 사람들과 함께 있지만 전혀 불편하지 않다. 옛날엔 왜 이런 스킬이 없었을까? 뭐 이런 기술도 그냥 얻어진 게 아니겠지. 이만큼의 시간이 필요했던 거다. 아무튼, 가볍게 샤워를 하고 온탕으로 걸음을 옮긴다.

'바로 이 맛이야!'
욕탕에 몸을 담그자 머릿속에 폭죽이 터진다. 나도 모르게 웃음이 배실배실 새어 나온다. 이 따뜻한 느낌이 참으로 그리웠다. 좋다, 좋다, 좋다.

아내의 말대로 집에서 하는 목욕과는 확실히 다르다. 우선 물의 온도가 높다. 집의 온수는 가장 높은 온도로 틀어도 한계가 있는데 목욕탕의 온수는 그것보다 조금 더 뜨겁다. 그러나 괴롭지 않은 적당한 온도다. 말 그대로 몸을 지지기에 딱이다. 물이 식지 않고 일정하게 유지된다는 것도 장점이다. 또 욕탕은 넓어서 좋다. 집의 욕조는 내 몸을 완벽히 담지 못했던 게 사실이다. 다리를 쑥 펴면 상제가 물 밖으로 나오게 되고, 상체를 물속에 넣으면 다리가 접혀 무릎이 밖에 나올 수밖에 없었는데, 욕탕에선 상체와 하체를 전부 물속에 담글 수 있다.

이번 목욕탕의 경험은 오랜 나의 편견을 바꿔놓았다. 욕탕은 욕조만큼이나 편안하고 좋다. 다음에 또 오고 싶다. 목욕이 끝나지도 않았는데 벌써 다음 목욕탕을 기다린다. 머리가 복잡할 때, 따뜻한 휴식과 위로가 필요할 때 찾을 곳이 하나 더 생긴다는 건 참으로 든든한 일이다. 이참에 여러 동네의 목욕탕을 경험해보는 것도 좋을 것 같다. 갑자기 갈 곳이 많이 생겼다. 하지만 다음 이사 땐 집에 욕조가 있었으면 좋겠다. 아, 욕조가 있는 사람들이 부럽다.

한때 인생은 끝없는 싸움이라 생각했다.

인내하고, 한계까지 나를 밀어붙이고,

뭔가를 극복해서 승리를 거머쥐는.

뭐 대충 그런 게 인생이라 여겼다.

이제는 싸우지 않기로 한다.

문제를 해결하려 들지도 않는다.

인생의 커다란 문제들은 해결되는 성질의 것이 아니다.

그저 어떻게 하면 맘에 안 들고 답도 없는 이 인생과

잘 지낼 수 있나 고민할 뿐이다.

『저는 측면이 좀 더 낫습니다만』 213쪽

냉탕과 열탕 사이

―

대중목욕탕

박활성

출판사 '워크룸 프레스'를 운영한다.
세미콜론의 첫 편집팀장으로 일했으며,
세미콜론의 첫 책 『로고와 이쑤시개』 외 다수의 도서를 편집했다.
지은 책으로 『편집자의 일』(공저) 『일상의 실천 EVERYDAY PRACTICE』(공저)
등이 있다.

사람들은 종종 사소해 보이는 것들을 두고 논쟁을 벌인다. 이를테면 라면에 달걀을 넣고 휘저을지 말지, 탕수육 소스를 찍어 먹을지 부어 먹을지, 화장실에 거는 두루마리 휴지는 과연 어디를 앞면으로 봐야 할지. 이런 난해하기 짝이 없는 문제에 관해 자기주장을 관철할 만반의 태세를 갖춘 사람들은 아주 많다. 그들은 모두 확고한 믿음을 가지고 자기만의 방식을 변호하기를 마다하지 않지만 정작 진실로 상대방을 설득하려 드는 경우는 드물다. 간혹 치약을 앞부분부터 눌러서 짤 것인지 뒷부분부터 밀어서 짤 것인지처럼 가정 내에 민감한 정치적 문제를 일으키는 사안들이 존재하지만, 대개 논쟁은 서로의 방식을 어느 정도 존중하는 분위기로 끝을 맺는다. 남이야 뭐라 하든 각자 집으로 돌아가 라면을 끓이면 되는 것이다. 체코슬로바키아* 출신의 철학자 빌렘 플루서에 따르면 이런 유형의 세속적인 질문은 온전히 미적 체험에 관한 것이며, "뭔가를 얻으려는 의도로부터 완전히 벗어나 있다는 점에서 전적으로 이론적인 질문인 동시에, 완전하게 실천을 향한 질문이라는 점에서 전적으로 비(非)이론적인 질문이다."** 나는 여기에 앞서 예로 든 질문들에 비해 덜 언급되지만 실손적 측면에서 결코 가벼이 여길 수 없는 질문 하나를 추가하고자 한다. 과연 냉탕과 열탕 가운데 무엇이 먼저인가?

* 1993년부터 체코와 슬로바키아로 나뉘었으며, 빌렘 플루서는 현재 체코에 위치한 프라하 출신이다.
** 빌렘 플루서, 『몸짓들: 현상학 시론』, 안규철 옮김, 김남시 감수, 워크룸 프레스, 2018, 176쪽

먼저 고백하자면 나는 매주 경건한 마음으로 목욕탕을 찾는, 성골은 아니지만 외할아버지와 첫째 이모가 모두 목욕탕업 외길을 걸으셨으니 진골쯤에는 해당한다고 자부하는 아마추어 목욕탕 애호가다. 특히 여관과 목욕탕을 함께 운영하셨던 외할아버지 댁 목욕탕은 내게 잊지 못할 기억으로 남아 있다. 그렇다고 주말마다 다른 목욕탕을 찾아다니거나 본격적으로 목욕탕 기행을 떠날 만큼 부지런하지는 않지만, 기회 있을 때마다 새로운 목욕탕을 탐방하기를 즐긴다.

목욕탕을 좋아하는 사람이라면 새로운 목욕탕에 들어설 때의 기분을 잘 알 것이다. 좋은 목욕탕은 신발을 벗고 들어서는 순간 어느 정도 알아챌 수 있다. 아마 일반적인 목욕탕 애호가라면 생긴 지 얼마 안 된 목욕탕보다는 오랜 정취가 묻어나는 정갈한 목욕탕을 선호할 텐데, 목욕이야말로 겉보기와 달리 시대 양식을 소비하는 레트로 물신주의가 깃들기에 알맞은 활동인 탓이다. 더군다나 목욕은 시대의 낙인이 선명한 패션이나 음악 같은 분야에 비해 그리 복잡한 코드가 필요하지 않다. 1980~1990년대 유행했던 목욕탕 타일은커녕 어릴 적 자신이 다녔던 목욕탕 타일이 어떻게 생겼는지 기억하는 사람은 없다.

그렇기는 해도 모름지기 진정한 목욕탕 애호가라면 시간의 때를 넘어 좋은 목욕탕에 대한 자신만의 기준이 있게 마련이다. 무엇보다 그들이 일반인과 근본적으로 다른 점은 탕에 대한 그들의 각별한 관심에 있다. 여기서 말하는 탕은 미온탕, 약탕, 히노키탕, 족욕탕, 노천탕 등이 아니다. 탕의 종류야 많으면 좋지만, 그보다 중요한 것은 소위 목욕탕의 삼위일체를 구성하는 존재인 온탕, 냉탕, 열탕이다.

세 탕의 배치는 목욕탕 전체의 크기를 비롯해 건물 구조와도 밀접한 관계가 있는 만큼 일률적으로 판가름할 수는 없지만, 전체적인 위치와 크기, 모양 등 짜임새를 보면 해당 목욕탕을 설계한 사람의 철학을 엿볼 수 있다. 온탕이 중심에 있어야 한다거나(온탕이 중심에 있어야 한다.) 원형이어야 한다거나(원형이어야 한다.) 깊이가 적당해야 한다거나(깊이가 적당해야 한다.) 거품이 나오지 않아야 한다거나(거품이 나오지 않아야 한다.) 하는 말이 아니다. 예전에 지인이 추천했던 도쿄의 한 목욕탕은 육안으로는 온탕과 냉탕과 열탕을 구분하기 어려웠지만 좁은 공간을 최대한 살린 배치가 일품이었다. 반면 최근에 방문했던 군산의 한 목욕탕은 거의 25m 풀에 근접한 냉탕이 몹시 인상적이었지만 탕과 탕 사이의 거리가 멀고, 열탕이 있어야 마땅한 자리를 누워서 쉴 수 있는 휴게 공간이 차지하고 있어서 납득하기 어려웠다. 중요한 건 각각의 요소가 모여 만들어지는 관계, 즉 게슈탈트에 달렸다. 아마 헌신적인 모더니스트이자 총체 예술가였던 스위스 디자이너 막스 빌이었다면 목욕이라는 목적에 완벽하게 부합하는 하나의 유효한 게슈탈트, '진정한 목욕탕'의 형태가 존재한다고 말하는지도 모르겠다. 하지만 여기서는 몸을 깨끗이 씻는다는 일차적인 목적 외에 목욕탕에서 얻을 수 있는 일련의 미적 체험은 세 탕 사이의 역동적인 상호 관계에 의해 생성된다고만 말해도 충분할 것이다.

    그런데 방금 한 말은 어떻게 보면 도발적인 주장일 수 있다. 목욕탕에 가서 세 탕을 모두 들어가보지 않고서는 진정으로 그 목욕탕을 체험했다고 주장하기 어렵다는 말로 들리기 때문이다. (주장하기 어렵다.) 그리고 만약 우리가 하나의 목욕탕을 체험하기 위해 세 탕에 모두 들어가보기로 결심했다면, 우리는 이제 본격적인 입욕 논쟁의 영역으로 들어서게 된다. 각 욕탕에 들어가는 순서와 횟수는 물론으레 목욕에 따르는 여러 절차와 부대시설을 감안하면 문제가 간단하지 않기 때문이다. 가벼운 샤워와 본격적인 세신, 양치질, 면도, 건식 사우나와 습식 사우나만 더해도 생각해야 할 경우의 수는 기하급수적으로 늘어난다. 또한 동일인이라도 특정한 계절이나 기분에 따라 하나 이상의 목욕 순서를 따르는 경우까지 고려하면 이 사안은 화장실에 휴지를 거는 문제를 훌쩍 넘어선다. 따라서 여기서는 이 모든 사안을 다루는 대신 냉탕과 열탕에 번갈아 몸을 담그는 욕법, 즉 교대욕(contrast bath)에 대해서만 언급하고자 한다.

일반적으로 교대욕을 설명하려는 시도는 우리 몸의 생리 현상에 근거하는 경우가 대부분이다. 예컨대 열탕과 냉탕을 오가는 과정에서 반복되는 혈관 자극을 통해 신진대사나 자율신경계, 면역계 등이 향상된다는 식이다. 관련 문헌을 찾아보지는 않았으나 반드시 냉탕에서 시작해서 냉탕으로 끝맺어야 한다거나, 마지막이 따뜻한 물이어야 한다는 주장도 대개 의학적 지식에 근거한다. 물론 이런 이론들을 심혈관계 환자와 노약자를 위한 예방 조치로 볼 수도 있지만 나는 이런 주장들이 본질을 놓치고 있다고 생각한다. 반대로 이런 질문을 던져보자. 나는 왜 주말마다 심근경색과 뇌출혈의 위험을 무릅쓰고 굳이 교대욕을 즐기는가?

우리 일상을 채우는 활동 가운데 많은 부분은 당위에서 출발한다. 먹고살기 위해서 일해야 하고, 일을 하려면 회사에 출근해야 하고, 그렇다면 나는 아침 9시까지 어떻게든 회사에 도착해야 한다. 우리가 일상에서 하지 말아야 하는 활동 역시 마찬가지다. 내가 차를 아무 데나 주차하지 말아야 하는 이유는 과태료를 내지 않기 위해서고, 술을 너무 많이 먹지 말아야 이유는 속이 상하지 않기 위해서다. (이미 늦은 것 같다.) 그리고 당위에서 멀어질수록 그 활동은 여가에 가까워진다. 북한산 인수봉에 올라가는 방법이 여러 가지인 까닭은 우리가 꼭 북한산 인수봉에 올라야 할 이유가 없기 때문이다. 만약 당신이 북한산 꼭대기에서 조난된 사람을 구해야 하는 소방대원이라면 올라갈 방법은 하나, 구조 헬리콥터를 타고 가는 길을 택해야 한다. 이를 좀 더 일반화해보자면 '어떻게'가 '왜'에서 멀어질수록 우리는 좀 더 자유로워진다고 말할 수 있다. 나아가 '목적'과 '수단'이 역전되는 순간 우리는 순수한 '미적 체험'에 이를 수도 있다. 한때 음식 칼럼을 기고했던 미국 철학자 C. 티 응우옌에 따르면 미련하게 시간을 낭비하는 일로 여겨지는 게임이 우리 삶에 도움이 되는 '행위성의 예술'이 될 수 있는 까닭도 바로 이 "동기 역전(motivational inversion)"[*]에서 출발한다. 목표를 위해 수단을 채택하는 대신 반대로, 예컨대 능산이라는 체험을 위해 인수봉이라는 목표를 설정하는 것이다.

    그렇다고 내가 여기서 목욕이 예술의 일종이라고 주장할 생각은 없다. (충분히 가능한 주장이다.) 목욕은 몸을 깨끗이 씻는다는 분명한 목적이 있는 활동이고 그에 따르는 절차는 그 목적을 수행하는

---

[*] C. 티 응우옌, 『게임: 행위성의 예술』, 이동휘 옮김, 워크룸 프레스, 2022, 9쪽

기능이 있다. 하지만 목욕탕에서 우리가 보내는 모든 시간이 온전히 몸을 씻기 위함만은 아니라는 데는 어느 정도 동의할 수 있으리라 믿는다. 나아가 교대욕은, 일련의 목욕 과정 가운데 가장 당위로부터 자유로워지는 순간, 어쩌면 가장 예술에 근접한 순간일 수 있다. 차가운 물에서 뜨거운 물로, 혹은 그 반대로 들어가는 과정에서 몸소 겪는 경험, 즉 사전적 의미의 '체험'을 위해 심근경색과 뇌출혈의 위험을 무릅쓰는 시간이기 때문이다. 흔히 예술을 위해서는 영감이 필요하다고들 하지만 교대욕에는 전혀 영감이 필요하지 않으며, 머리를 텅 비우고 탕 사이를 오가는 와중에 영감을 얻을 수도 있으니 어쩌면 교대욕이야말로 예술을 위한 예술일 가능성마저 잠재한다.

서두에 던진 질문으로 돌아가보자. 과연 냉탕과 열탕 가운데 무엇이 먼저인가? 이 질문에 답하기 위해서는 우선 자신에게 교대욕을 하는 이유를 되물어야 한다. 한 주간의 쌓인 피로를 풀고 건강을 증진하기 위함이 첫째라면 고민하지 말고 냉탕부터 들어가길 권한다. 처음 들어갈 때 조금 차갑기는 하지만 만에 하나라는 게 있으니 심근경색은 피하고 볼 일이다. 반면, 따지고 보면 건강은 핑계일 뿐 온전히 그 시간을 누리기 위해서라면 자신이 다니는 목욕탕의 조건부터 살펴보길 권한다. 냉탕과 열탕의 온도는 각각 몇 도인지, 매주 온도 변화는 어느 정도인지, 두 탕의 온도 차이는 얼마인지, 욕탕 사이의 거리는 얼마인지. 시행착오를 겪다 보면 어느 탕이 먼저인지 알 수 있을 것이다. 아마 미세한 온도 차가 몸이 느끼는 감각에 얼마나 큰 영향을 미치는지 알게 되면 놀랄 수도 있다.

두 탕 사이를 몇 번 오가야 적당한지, 언제 끝을 내야 하는지 탐색하는 일은 그다음 우리를 기다리는 어려운 도전이다. 쉼표와 마침표를 찍는 일은 늘 어렵고, 어쩌면 냉탕과 열탕 사이에 둘 모두를 위한 자리를 마련해놓아야 할지도 모른다. 물론 당신이 내린 답과 나의 답이 다를 가능성은 아주 크다. 그리고 나는 나만의 방식을 변호할 만반의 태세가 갖춰져 있다. 우리는 즐거운 대화를 나눈 후 각자 돌아가 교대욕을 즐길 수 있을 것이다.

일본에서 식기와 공예품은 그 자체가 예술품인 경우가 많았고,
상 역시 옻칠 위에 정교한 장식을 덧붙이거나
그려 넣는 경우가 많았다.
일본인들은 이렇게 공을 들인 상 위에 먹던 젓가락을
함부로 올려놓는 것을 예의에 어긋난다고 여겼고,
그 결과 입안에 넣었던 젓가락이 상 표면에 닿지 않도록
젓가락 받침이 생겨나게 되었다. (……) 일본 이쑤시개의 경우
이 문제를 자연스럽게 해결해주는 형태를 취하고 있다.
끝에 파인 홈 덕분에 이쑤시개를 쉽게 부러뜨릴 수 있으므로
사용한 다음 부러진 한쪽 끝을 받침으로
사용할 수 있는 것이다.
이 예는 아주 작은 물건이라도
유용성과 가치를 동시에 지닐 수 있음을 보여준다.

『로고와 이쑤시개』 50쪽

암흑 속에서 철저히
혼자가 되어

—

샤워부스

정승민

디자이너. 라이프스타일 브랜드 'TRVR'과 'cafe TRVR'을 운영한다.
세미콜론의 책 『우리만의 사적인 아틀란티스』를 출간했다.

나는 디자이너라는 직업인으로서 다양한 사람들과 만나는 기회가 자주 있다. 그 안에서 각기 다른 분야의 사람들과 나누는 밀도 높은 대화는 내게 큰 즐거움이다. 특히, '영감'이라는 주제를 테이블 위에 던져두고 대화를 시작하면 몇 시간이고 이야기가 끊이지 않는다. 흥미롭게도 이 과정에서 가장 자주 받는 질문은 바로 이거다.

"영감의 원천은 무엇인가요?"

이 질문에 답하기 위해서는 먼저 '영감'이 무엇인지 나름의 정의가 필요하다고 생각한다. 영감이라는 것은 사람마다 다른 방식으로 느끼고 해석하는 추상적인 개념이기에, 내가 생각하는 영감에 대해 정의를 내려보겠다.

영감이란 과연 무엇인가.

내가 생각하는 영감은 한순간의 번뜩임이나 초자연적인 능력이 아니다. 오히려 그것은 '시간이 축적된 경험과 지식이 특정 상황이나 순간에 응축되어 드러나는 것'이라 말하고 싶다. 이는 영감이 신비로운 선물이라기보다는, 지속적인 노력과 학습의 산물이라는 신념을 반영한다. 일상의 노력이라는 벽돌을 한 장 한 장 쌓아 올려야 비로소 밀도 있는 영감이라는 건축물, 즉 드러나는 무언가가 완성된다. 그러므로 영감을 만들어가는 과정은 우리의 평소 삶과 깊이 연결되어 있다.

"만일 당신이 소설을 쓰기로 마음먹었다면 주위를 주의 깊게 둘러보십시오."

무라카미 하루키는 『직업으로서의 소설가』에서 작가에게 필요한 태도에 대해 이렇게 이야기한 적이 있다. 이는 일상에서의 관찰과 경험이 글쓰기의 중요한 자양분이 된다는 점을 강조한 말이다. 마찬가지로, 우리의 평범한 일상에서 세심한 관찰과 경험의 축적이야말로 영감의 원천이며, 창작의 필수 요소가 된다.

디자이너로서 세상을 바라보는 방식도 크게 다르지 않다. 우리가 살아가는 동일한 시간과 공간 속에서 축적된 경험과 생각들을 디자인이라는 언어로 표현하는 것이다. 결국 얼마나 충실히, 그리고 얼마나 밀도 있게 삶이라는 벽돌을 쌓아 올렸는지가 영감이라는 건축의 완성도를 결정한다.

따라서 "영감을 어디서 받나요?"라는 질문보다는 "영감을 어떻게 만들어내나요?"라는 질문이 더 흥미롭다. 영감은 가만히 앉아 기다리면 찾아오는 선물이 아니라, 능동적이고 적극적인 태도로 찾아내고 만들어가야 하는 수련의 과정이다. 이러한 이유로 나는 '영감을 받는다'라는 표현보다는 '영감을 만든다'라는 표현을 선호한다.

'영감'은, 나의 일상에서 양질의 벽돌을 하나씩 모으는 것으로 시작된다. 사소한 것들을 기록하는 행위를 포함하여, 세상을 밀도 있게 바라보고 경험하며 사고하는 과정을 통해 가능해진다. 때로는 쓸데없어 보이는 생각들이 머릿속을 가득 채우기도 한다. 그러나 그런 생각들 중 일부는 시간이 지난 후 의외의 가치 있는 실마리가 되어 돌아오곤 한다. 그래서 나는 기록의 중요성을 무엇보다도 강조한다. 카메라로 사진을 찍거나, 메모장에 적거나, 가방 속에서 펜과 종이를 꺼내는 순간들. 이 사소해 보이는 행동들이 결국 영감이라는 건축물의 초석이 된다.

 내 휴대폰 메모장 앱에는 '영감'이라는 이름의 폴더가 있다. 그 안에는 내 일상의 조각들이 빼곡히 담겨 있다. 길을 걷다 우연히 본 광고 문구, 친구와 나눈 대화 속 한마디, 카페 창가에서 마주친 낯선 사람의 행동까지. 그 모든 것이 영감의 씨앗이 된다. 이 폴더는 매우 단순한 기록에서 시작되어서, 창작의 출발점이 되기도, 아이디어의 실험실 같은 역할을 하기도 한다.

 이런 다양한 종류의 기록들이 영감이라는 건축을 위한 훌륭한 자재가 된다. 이 작은 메모들은 시간이 지나며 서로 연결되고, 새로운 의미를 만들어내며 나의 사고를 확장시킨다. 메모를 다시 읽을 때마다 나는 마치 잊고 있던 조각들을 발견하듯, 새로운 가능성과 아이디어를 떠올리게 된다. 하나의 단어, 한 줄의 문장이 처음에는 사소하게 느껴질지라도, 그것들이 쌓이고 엮이며 점차 영감이라는 큰 그림이 되어간다.

 그렇게 일상을 살아가며 모아온 벽돌을 쌓는 시간과 장소는 사람마다 다를 것이다. 누군가는 서재의 책상에서, 잠들기 전 침대에서, 출퇴근길 자동차나 통근 버스 안에서 영감의 건축을 해나간다. 나의 경우 '샤워 부스'라는 나만의 사색의 공간에서 다시금 되살아난다.

 평범해 보이는 이 공간이 나에게는 특별함으로 가득하다. 샤워 부스는 다른 공간으로부터 철저히 분리된 독립적인 장소다. 시선이 차단되고 외부의 소음도 들리지 않는 이 작은 공간은, 나를 실오라기 하나 걸치지 않은 온전한 나로 서게 만드는 힘이 있다. 이러한 독립성과 정직함이야말로 내가 이 공간에서 생각에 몰입할 수 있는 이유다.

샤워 부스는 오감을 자극하는 요소들로 가득하다. 선반에는 샴푸와 컨디셔너, 클렌징폼, 여러 종류의 보디폼과 치약이 질서 있게 자리 잡고 있다. 각기 다른 질감과 향기가 공기를 채우고, 머리 위로는 은은하게 빛을 퍼뜨리는 조명이 있다. 조명은 너무 밝지도, 어둡지도 않아 공간 전체를 부드럽게 감싸며 안정감을 준다.

이 모든 구성의 중심에는 정면에 자리 잡은 샤워기가 있다. 샤워기는 부드러운 물줄기를 뿜어내며 공간의 중심을 잡고, 그 물줄기의 일정한 리듬이 샤워 부스 전체를 하나의 조화로운 시스템으로 만든다. 물줄기는 피부에 닿으며 따스함과 안정감을 동시에 전한다. 가늘고 날카로운 수압이 아니라, 적당히 부드럽고 넓은 물줄기가 몸을 감싸며 긴장을 풀어주는 순간, 나는 온전히 샤워라는 의식에 몰입한다.

이 장소의 모든 세부 요소가 중요하다. 칫솔의 모는 곧게 서 있어야 하고, 보디폼의 질감은 샤워 후 몸에 적당한 수분감을 남겨야 한다. 머리 위에서 쏟아지는 조명은 너무 밝지 않아야 하며, 환풍기는 적절히 돌아가 습기를 제거해야 한다. 이러한 요소들은 내가 샤워라는 의식에 몰입할 수 있도록 돕는다.

그중에서도 내가 가장 중요하게 생각하는 것은 샤워기의 물줄기다. 나는 강하지 않은 수압의 굵은 물줄기를 선호한다. 부드럽게 내 몸을 감싸는 물줄기는 긴장을 풀고 생각에 몰입할 수 있게 한다. 반면, 가늘고 강한 물줄기는 피부를 따갑게 하고 샤워를 서둘러 끝내고 싶게 만든다.

'샤워기 물줄기를 직접 경험하고 선택할 수 있는 공간이 있다면 얼마나 좋을까?'

예전부터 이런 생각을 하곤 했다. 침대는 누워보고 구매하며, 옷도 입어보고 구매한다. 그런데도 일상에서 수천 번 수만 번 사용하는 샤워기를 외관의 디자인만 보고 결정해야 한다는 건 이해하기 어려웠다. 물줄기가 우리의 삶의 질에 얼마나 큰 영향을 미치는지 고려하면 더욱 그렇다.

이런 이유로 나는 집 밖에서 샤워를 해야 할 때마다 샤워기를 유심히 살핀다. 호텔에 머물거나 헬스장에서 운동 후 샤워할 때, 그 공간의 샤워기는 단순한 장비가 아니라, 내 일상에 영향을 줄 새로운 경험의 매개체가 된다. 그리고 다행히도, 약 5년 전 나에게 꼭 맞는 샤워기를 찾았고, 지금까지 사용하며 매일 아침과 저녁 나만의 의식을 이어가고 있다.

이렇게 만들어진 샤워 부스는 나에게 영감과 사유를 위한 최적의 공간이 되었다. 하루 중 샤워 부스를 사용하는 것은 출근 전과 퇴근 후, 두 번이다. 하지만 두 번의 샤워는 완전히 다른 의식이다.

아침 샤워는 나를 일터라는 세상으로 연결시켜주는 의식이다. 마치 모닝커피를 마시는 것처럼, 따뜻한 물줄기가 잠들었던 감각을 하나씩 깨워준다. 이 순간, 몸과 마음은 동시에 깨어나 하루를 준비한다.

　반면 퇴근 후의 샤워는 내게 또 다른 세계로의 문을 연다. 샤워실의 조명을 어둡게 조절하고, 환풍기의 팬 돌아가는 소리와 물줄기 소리가 고요한 화이트 노이즈를 만들어낸다. 아이러니하게도 샤워 부스의 독립성과 고립감은 오히려 나를 자유롭게 한다. 다른 공간에서는 잡히지 않던 생각의 실마리가 이곳에서는 쉽게 풀려나온다. 물줄기가 피부를 감싸는 감촉, 물방울이 떨어지는 불규칙적이지만 자연스러운 소리, 그리고 적당히 어두운 조명은 나를 일상의 경계에서 벗어나게 만든다.

　어두운 조명 아래서 눈을 감고 난 뒤, 암흑의 공간을 만들어 샤워하는 것을 선호한다. 오롯이 감각에 집중할 수 있는 시간이다. 시각이 차단된 공간에서 들리는 소리와 느껴지는 감각들은 머릿속의 어지러움을 가라앉히고, 생각의 흐름을 자연스럽게 따라가도록 돕는다.

　눈을 감고 샤워 부스에 갖고 들어온 일상의 벽돌들을 떠올려본다. 그리고 행위 속에서 나는 나도 모르게 여러 질문을 던지고 답을 찾는 과정을 반복한다.

　'오늘 그 대화는 어떤 의미였을까?'

　'내일은 어떤 방향으로 프로젝트를 진행해야 할까?'

　무의미할지 모르는 이런 질문들을 끊임없이 만들어내고 그에 대한 대답을 찾아본다. 이런 질문들은 물줄기처럼 흘러가며 때로는 전혀 다른 생각으로 이어지기도 한다.

　때로는 전혀 다른 주제로 사고가 확장되기도 한다. 예를 들어,

주변 사람들과 나눴던 대화나 오래전에 읽었던 책의 한 구절이 갑자기 떠오르기도 하고 친구와 나눈 대화를 되새겨보기도 한다. 생각은 꼬리에 꼬리를 물다가 여행에 대한 정의까지 나아가기도 한다.

'여행이란 단순히 장소를 이동하는 것이 아니라, 익숙한 시선에서 벗어나 새로운 관점을 발견하는 과정일지도 모른다.'

샤워 부스 안에서 이루어지는 사고는 꼭 생산적인 것만은 아니다. 단순히 내일의 식사 메뉴를 고민하거나, 주말에 할 일 목록을 정리하기도 한다. 하지만 이 모든 생각은 결국 내 삶을 구성하는 작은 조각들이다. 샤워라는 의식은 이런 조각들을 연결하고 조화롭게 배치하는 과정이다.

어느 순간이 되면 물줄기를 더 이상 의식하지 않는다. 마치 숨을 들이마실 때 공기를 의식하지 않는 것처럼, 샤워 부스 안에서 물줄기와 소리는 나와 하나가 된다. 이 상태에서 나는 온전히 사고와 사유에 몰입할 수 있다. 머릿속에 펼쳐진 백지의 공간은 물처럼 유연하게 흐르던 생각들로 채워지고, 이내 단단하고 구체적인 형태로 응고된다. 사유의 깊이가 더해질수록 나는 내가 몰랐던 가능성과 방향성을 발견하곤 한다.

이 몰입의 순간에서 흩어진 생각의 조각들은 점차 자리를 찾아가며, 하나의 커다란 것으로 연결된다. 물방울처럼 작고 사소한 단상이 큰 영감의 물결로 이어질 때가 있다. 한번은 샤워 중 떠올린 단순한 단어의 조합이 프로젝트의 슬로건으로 발전해 꾸준하게 사용한 적이 있다. TRVR의 브랜드에서 사용하고 있는 'LIFE NEEDS _____'라는 문구가 그것이다. 과연 샤워 부스는 생각을 떠올리며, 영감을 구체화하는 과정의 중심지다.

　하지만 이런 샤워의 시간이 그리 길지는 않다. 10~15분 정도의 시간이면 충분하다. 겨울과 같이 따뜻한 물로 몸을 녹이고 싶을 때는 조금 더 긴 시간 샤워 부스에 머물러 있기도 하지만.
　그러나 머릿속에 무엇인가 떠오를 때는 빨리 샤워를 끝낸 후, 떠오른 생각들을 최대한 빨리 기록한다. 머릿속에서 갓 만들어진 영감은 쉽게 흩어지기 때문에, 그것을 붙잡아두는 일이 중요하다. 샤워를 마치자마자 노트나 휴대폰 메모장에 생각들을 옮기며, 그 순간의 감정과 이미지를 단단히 묶어둔다. 이 기록들은 이후 작업에서 나를 이끄는 중요한 재료가 된다.
　결국, 샤워 부스는 영감의 종착지가 아니다. 오히려 영감이라는 사고의 끊임없는 사이클 안에서 핵심적인 장소로 자리한다. 샤워 부스는 사고와 사유가 서로 이어지고, 흩어진 생각들이 다시 연결되는 순환의 중심점이다. 이곳에서 만들어진 영감은 새로운 사고를 낳고, 그 사고는 또 다른 창작의 출발점이 된다.
　샤워 부스는 나의 일상과 창작을 연결하는 중요한 매개체다. 물줄기가 만들어내는 고요한 소음과 이곳의 오감 자극은 평범한 시간을 특별하게 만들어준다. 샤워라는 의식은 나에게 있어 몸을 정결케 하는 것과 더불어 삶의 평범함 속에서 발견된 특별함이 되고, 창작이라는 여정을 이어주는 중요한 연결 고리가 된다.

혹시 당신에게도 이런 공간이 있을까? 샤워 부스가 나에게 그러하듯, 당신도 일상 속에서 당신만의 영감의 공간을 발견할 수 있을 것이다. 작은 방의 창가일 수도, 산책로의 한구석일 수도 있다. 중요한 것은 그곳에서 당신만의 이야기를 만들어가고, 삶과 창작의 연결점을 발견하는 것이다. 영감은 그렇게 일상 속에서 새롭게 태어나고, 우리의 삶을 더 깊고 풍요롭게 만들어준다.

비밀의 문을 열고 들어간 것만 같은 그곳에는
햇빛을 머금은 바위들이 황금색으로 빛났고
높지 않은 바위 절벽 사이로 자연스럽게 만들어진
녹청색의 바다 풀장이 무수히 많이 있었다.
푸른 하늘을 품은 맑고 투명한 물 아래로
오색 물고기와 산호초들이 그대로 들여다보였다.
우리만의 사적인 아틀란티스로 손색이 없는 훌륭한 장소였다.
길을 잃기로 마음먹자, 새로운 길이 열렸다.

『우리만의 사적인 아틀란티스』 130쪽

5장

운치 있게 거니는 공간

영업부장 C의 분투

—

덕수궁

최재혁

번역가. 출판사 '연립서가'를 운영한다.
세미콜론의 책 『무서운 그림 2』 『운명의 그림』을 우리말로 옮겼다.
그 밖에 『나의 일본미술 순례』 『나의 미국 인문 기행』 등을 우리말로 옮겼고,
『서경식 다시 읽기』 『표구의 사회사』 등을 편집하고 출간했다.

아주 가끔씩 책을 쓰고, 그것보다는 자주 우리말로 옮기고, 읽기(위해 사놓기)만 하다가 2021년부터 책을 만들어 파는 사람이 되었다. 책 만드는 일은 첫 직장에서 살짝 맛본 적이 있었지만, 파는 일은 출발부터 당혹스러웠다. 일단 '부원 없는 영업부를 이끄는 고독한 C부장'으로 캐릭터를 설정했다. 설정과 구현은 전혀 다른 차원의 문제였다. 20년 전 우리 회사 영업부장님은 체구도 듬직하신 양반이 무쏘를 몰고 팔도의 서점을 누볐고 술도 호쾌하게 마셨지만, 나는 고작 모니터 속 서점 SCM(공급망 관리) 프로그램과 출고 프로그램에 쩔쩔매다가 결국 전화기를 붙들고 읍소했다.

그러다 세상으로 나가 책을 팔아야 할 시간이 다가왔다. '영업의 꽃'이라고 멋대로 불러보는 인터넷 서점 MD 미팅, 대형 출판사건 1인 출판사건 10분이 주어지는 공평하고 귀한 그 자리에서 초창기의 C부장은 '5분 컷'도 당해봤다. 당했다고 하면 K MD님이 억울할 테니 자초하여 끊어낸 일이라고 하자. 그날의 대화를 복기해 재구성하면 이렇다.

"저기…… 새 책이 나왔습니다."

"네……."

"그러니까 새 책이……."

"네? 네……."

마주 보는 이가 있어도 홀로인 듯 고독했던 그날, 접견실을 빠져나와 덕수궁으로 달려갔다. 알라딘 본사가 시청역 근처에 있어 참 다행이었다.

출판사를 차리기 전 미술사를 업으로 삼던 시절에 덕수궁은 일종의 일터였는데, 거기엔 전공인 근대 미술에 방점을 둔 전시가 자주 열리는 국립현대미술관 덕수궁관이 있었다. 그림 보러 다니는 게 일이니 얼마나 좋아요, 라는 말도 제법 듣던 시절이었다. 그러고 보니 도락의 공간이 일터로 바뀌는 상황은 영업부장이 된 후로도 이어지고 있다. 영감을 찾던 서점이 영업 담당자를 찾는 곳이 되었다고 엄살 섞어 말하면 "아유, 취미가 일이 됐으니 얼마나 좋아요."라는 대답이 돌아왔다. (아유, 설마요..)

아무튼 덕수궁은 수업하기에도 좋은 공간이었다. 학기가 시작할 때 과도하게 넘치던 강사의 파이팅이 한풀 꺾이면 학생들도 기다렸다는 듯 신학기의 열의를 반납했다. 그럴 때 꺼내 드는 카드가 전시 관람으로 대체하는 현장 수업이다. 특히 학교에서 지하철로 20분 정도면 도착할 수 있는 S여대 동양화과 대학원생들에게 덕수궁은 현장 수업으로 부담 없이 제안할 수 있는 최적의 장소였다.

그들 대부분은 미술관에서 열리는 전시보다(전공과 취미가 연결되기 어려운 건 학생들도 마찬가지.) 옵션으로 끼워 넣었던 석조전 내부 견학을 좋아했다. 석조전은 신고전주의 건축 양식을 따라 10년 이상 지었대, 삼각형 경사지붕의 장식부인 페디먼트에는 대한제국의 문장인 이화문이 새겨져 있대, 이화는 배꽃이 아니라 오얏꽃, 그러니까 자두꽃이래……. 라고 주워섬기다 보면(물론 존댓말로.) 그들은 조금씩 열의를 회복하는 모습을 보여줬다. 황제와 황후의 침실, 거길 채운 영국 메이플사가 납품한 가구에 눈을 반짝이다가, 극적 효과를 다분히 의도한 마지막 코스인 발코니로 나가면 탁 트인 하늘과 굽어 보이는 정원 분수대의 2단 콤보에 탄성을 자아내는 친구도 있었다.

전직 미술사 연구자이자 시간 강사에게 덕수궁은 남을 납득시킬 글을 쓰고 공감을 바라는 말을 해야 할 것 같은 장소였던 셈이다. 써야 할 전시 리뷰나 논문의 주제를 제공하는 자료실이자, 〈현대한국화론〉 수강생에게 근대의 미술과 문화가 지금 자네들이 한국화를 그리는 데 어떤 의미가 있는지를 침 튀기며 말해야 했던 '업계'의 장소.

허나 C부장으로 다시 찾는 지금의 덕수궁 경내에서 더 이상 말은 필요 없어졌다. 걸으며 스스로 납득하면 될 뿐이다. 예전엔 대한문으로 들어선 후 덕수궁미술관이나 석조전으로 직행했다면 지금은 어느 한 곳을 특정하지 않는다. 물론 봄이면 살구나무가 만개하는 석어당 쪽, 가을이면 고종이 카페로 사용했다는 정관헌 방향, 이런 식으로 계절 특수를 누려보기도 하지만 기본적으로는 그날의 컨디션에 따라 적당히 돌아다닌다. 관람에서 배회로 바뀌었지만 집중해서 들여다보는 대상이 없어진 것은 아닌데, 미술품을 보느라 그때는 지나쳤던, 혹은 있는지도 인지하지 못했던 꽃, 나무, 풀을 향한다.

여기까지가 이식 후 낯선 업무에 지친 2인 출판사 영업부장이 초록(때로는 갈색)과 함께 쉬어가는 탈출구로 덕수궁을 만난 이야기다. 원래 미술사 전공자로서 일하던 공간인 덕수궁이 '다음으로 건너가기 위해 숨을 고르는 공간' 또는 '영감을 재충전하는 나만의 쉼터'가 되었다는 간단한 이야기를 어지간히 에둘러쳤다. 곰곰이 생각하니 변화의 계기를 마저 설명해야 할 것 같다. 여기부터는 영업부가 아닌 '부원 없이 편집부를 이끄는 편집장 C'의 이야기다.

출판사를 차리고 처음 만든 책 제목은 『덕수궁 프로젝트 2021: 상상의 정원』이었다. 국립현대미술관의 전시 도록이었기에 표지엔 회사 이름을 박지 못했고 귀한 첫째를 양자 보내는 심정으로 판권지에 '제작'이라고만 살포시 앉혀놓았다. 전시엔 전통공예, 조경, 애니메이션, 식물학의 전문가가 모였다. 그들은 기구한 역사가 서린 덕수궁 건축물과 마당 곳곳에 조각, 회화, 설치미술, 영상을 통해 지나간 시간을 돌이켜 보며 '상상의 정원'을 덧댔다.

덕분에 그해 여름, 땡볕 아래서 사진가와 함께 구석구석을 돌아다니면서 덕수궁이 좀 다르고 다채롭게 다가오기 시작했다. 도록을 담당할 때 예산을 더 써가며 야심 차게 기획했던 '한 칼'은 별책부록으로 마련한 '덕수궁 식물지도'였다. 45×56cm 사이즈 종이에 각 건물과 행각 곁에 자리 잡은 식물의 이름을 촘촘히 적었다. 좀작살나무, 명자나무, 배롱나무에서 능소화, 비비추, 제비꽃, 개망초, 개쑥부쟁이, 원추리, 뚝새풀, 연못에 떠 있는 노랑어리연과 개구리밥, 그리고 우산이끼까지. (이 도록은 2025년 현재 서점에선 구할 수 없는데 얼마 전까지 덕수궁미술관 아트숍 책장 꼭대기에서 몇 권을 발견했다. 레어템 '덕수궁 식물지도'가 탐나는 분께 살짝 알리는 팁이다. 영업부 C부장은 우리 책이 아니더라도 최선을 다한다.)

지도를 만든 이는 식물학자이자 식물세밀화가인 신혜우 작가다. 그는 2021년 봄부터 덕수궁의 모든 식물을 채집, 관찰, 조사하여 표본과 글, 드로잉으로 '그들'의 파란만장한 이야기를 풀어냈다. '대한제국 황실 전속 식물학자가 있었다면.'이라는 상상에서 출발한 〈면면상처: 식물학자의 시선〉이라는 제목의 아카이브형 작업 중에는 모란처럼 화려한 꽃 표본도 있어 관객의 눈을 사로잡았지만, 내 눈길이 가장 오래 머물렀던 건 우산이끼를 그린 수채화였다. 작가는 이렇게 말했다.

"덕수궁의 아픈 역사를 조사하면서 덕수궁에 있는 식물 중 그 시대의 우리와 닮은 식물은 무엇일까 생각했습니다. (……) 궁에 사는 식물은 권력자의 성향에 따라서 심어지고 뽑히는데 우산이끼만큼은 늘 제자리를 지키고 있었을 것이고요."*

전시는 끝났지만 그 이후로도 덕수궁에 들어가면 전각을 둘러보고 나무와 꽃들을 지나 돌 틈 사이 이끼까지 찾아보는 습관이 생겼다. 마치 식물학자나 정원사처럼. 근거 없는 자신감 같지만 덕수궁을 한 바퀴 돌고 온 다음 날은 조금은 더 능숙한 편집자가 되는 느낌이다. 컴퓨터 앞에 앉아 플랫한 화면을 바라보고 있지만, 문장도 정원과 다르지 않다. 전각도 둘러봐야 하고 끊임없이 피고 지는 꽃에도 관심을 가져야 하며, 때로는 (마음은 아프지만) 잡초도 솎아내야 한다. 무엇보다 있는지도 몰랐지만 늘 제자리를 지키고 있었을 글 속의 우산이끼도 찾아야 한다. 식물학자나 정원사 역할을 해본 다음 날의 편집은 덕수궁으로부터 무언의, 무형의 도움을 받고 있다는 든든함이 느껴진다. 그러니 이제 덕수궁에서의 메인이벤트는 말 그대로 면면상처(面面相觑), 아무 말 없이 (식물들과) 서로 얼굴을 물끄러미 바

---

* 〈아픈 역사를 담담히 바라본 존재는 '식물' 아니었을까?〉, 《라펜트》, 2021.11.15

라보는 일이다.

『덕수궁 프로젝트 2021: 상상의 정원』을 만들 때부터 독서 생태에도 조금씩 변화가 생겼다. 좋아하는 소설가라 신문 연재 소식은 알고 있었지만 꼼꼼히 챙겨 읽진 않았던 에세이 〈식물 하는 마음〉을 정주행하기 시작했다. 도록의 참고 자료로 신혜우 작가의 『식물학자의 노트』를 책꽂이에 꽂은 이후, '식물 책'의 칸이 지금도 계속 늘어가는 중이다. 『매혹하는 식물의 뇌』, 『식물 혁명』, 『식물을 미치도록 사랑한 남자들』, 『이웃집 식물상담소』, 『식물과 나』, 『식물의 시간』, 『식물의 위로』, 『식물적 낙관』(아까 그 연재 에세이의 단행본), 『식물, 국가를 선언하다』, 『파브르 식물기』, 『아무튼, 식물』······.

덕수궁을 어슬렁거리며 일하다 보니 우리 출판사도 식물에 관한 책을 한 권 계약했다. 원서 제목은 『식물고(植物考)』. 우리말로 옮기면 '식물에 관한 사유' 정도가 될 테다. 『분해의 철학』에서 생산과 성장의 관점만으론 보이지 않던 세상을 주목한 후지하라 다쓰시가 식물을 어떻게 바라볼지 궁금해진다. "과연 인간은 식물보다 고등한 존재인가? 인간에게 내재한 식물성을 향하여"라고 쓰여 있는 띠지를 들여다보며 오랜만에 '번역가 C'라는 서브 캐릭터도 잘 구동해볼 생각을 했다.

어쩌면 이 책의 선택은 '출판기획자 C'로서의 안목을 가르는 시금석이기도 하겠는데, 바로 "최근 출판계의 블루칩은 '식물'이다."로 시작하는 2019년(!) 5월 29일자 이다혜 기자의 기사를 검색하곤 한 발 늦었구나 싶어 털썩 하는 마음이다. "이제 식물은 젊음의 상징." "출판계도 덩달아 책 봇물."이라니······. 그래도 나의 '식물 하는 마음'

은 죽 제자리를 지키고 있었을 테니, 나오지도 않은 책을 어떻게든 한 번이라도 미리 홍보하려는 영업부장 C의 분투로 이해해주시면 고맙겠다.

사전적 의미로 '운명'이란
"인간을 포함한 모든 세상사를 지배하는 힘"
또는 "이미 정해져 있는 목숨이나 처지"를 뜻한다.
이렇게 자명한 뜻을 가진 말이지만
인간은 애써 모순적인 표현을 사용하고 싶어 한다.
운명을 개척한다거나 심지어 운명은 모두
자신의 성격에 좌우된다(성격이 팔자다!)는
식으로 운명을 부정하기도 한다.
그만큼 운명은 우리의 다양한 인생사를 포괄할 수 있는
말일지도 모르겠다.

『운명의 그림』 '옮긴이의 글' 224~225쪽

디어, 캐시

연세대학교 언더우드가 기념관

백지혜

요리 연구가.
쿠킹 클래스 및 식당 '제리코 레시피'를 운영한다.
세미콜론의 책 『파스타 마스터 클래스』 『채소 마스터 클래스』
『풍미 마스터 클래스』를 출간했다.

안녕하세요, 캐시(Kathy).

　우리가 마지막으로 연락했던 게 언제였는지 궁금해져서 인스타그램 메시지를 뒤지다가, 캐시 당신이 알려준 한국 이름이 '은희'였다는 것을 발견하게 되었어요. 다시 인사할게요. 은희 씨 안녕! 오랜만이에요. 잘 지내고 있는지 궁금합니다.

　나는 그동안 두 번의 이사를 했어요. 집과 작업실을 한꺼번에 옮기는 동안 한 해가 다 지나가버린 기분이에요. 작년의 큰 수확이라면 나의 세 번째 요리책이 나온 것입니다. 써놓고 보니 1년 사이에 엄청난 항해를 마친 기분이 드는군요.
　지난 10년 동안 총 아홉 번의 이사를 했다고 내가 말했던가요? 그중 두 번의 이사가 바로 작년 한 달 사이에 이루어졌고, 정확히는 우리가 함께 만나 이야기를 나누던 2년 전엔 계획에 없던 일정이었어요.
　한 사람의 인생에 계획에 없던 일들을 연속적으로 겪다 보면, 일상의 작은 변화는 더 이상 큰 모험으로 다가오지 않는 것 같아요. 이번에 이사한 농네는 연희농이고, 삼십대 초반 본가에서 독립 후 서울에선 처음으로 이사한 지역이기도 해서, 나에겐 꽤나 익숙하고 또 좋아하는 동네이기도 해요.
　오늘은 이 집으로 이사를 해야겠다고 결심한 이유에 대해 이야기를 해보려고 합니다. 작년 1월부터 혹독한 한기에 집을 찾아다니느라 지쳐갈 때즈음, 스무 번째였나 스물한 번째였나, 부동산에서 보여준 집이 기대 이상으로 깨끗해서 계약해야겠다고 마음먹고 다시 한번 찾아간 3월 즈음이었어요.

집을 보여줬던 부동산 실장님이 실은 본인도 이곳에 살고 있는 이웃이라고 실토하더군요. 기회는 이때다 싶어, 혹시나 시간이 되면 잠시 동네 투어를 해줄 수 있는지 청해보았죠. 은희 씨도 알다시피 산책을 좋아하는 나로서는 집 근처에 적절히 걸을 만한 코스가 있는지 궁금했어요. (우습게도 이 글을 쓰고 있는 지금 그 산책길을 찾아나선 그때가 떠올라 가슴이 콩닥콩닥 뛰기 시작하네요.)

내가 살고 있는 지역은 골목이 또 다른 골목으로 연속해서 이어지는 언덕인데, 산책을 하자고 따라나선 시작부터 즐거운 모험 같았어요. 무슨 말이냐면 남의 건물 계단을 오르는 것부터가 시작이었거든요. 겉으로 보기엔 빌라 입구처럼 보였던 좁은 계단이, 알고 보니 다른 골목으로 이어지는 통로였던 거예요.

곧이어 두세 번의 좌회전과 우회전을 거듭하고 막다른 골목의 건물 벽을 마주하게 되었어요. 가파른 언덕길을 오르다 보니 얼마 되지 않아 숨이 차기 시작했고, 산책이라고 하기엔 언덕길이 전부인 것만 같아 실망감만 가득했답니다. 굳이 다시 올 일은 없겠다 생각한 찰나였어요.

"거의 다 왔어요. 여긴 오래 산 동네 주민들만 아는 곳이라 외지인은 잘 모르는 지름길이에요."

부동산 실장님은 웬 개구멍 같은 벽 틈의 좁은 통로를 통과하는 게 아니겠어요? 그리고 이어진 나무 계단을 오르고 내 눈앞에 펼쳐진 풍경은, 한적한 숲에 둘러싸인 서양식 건축양식의 돌벽 단층 가옥이었어요.

그러고 보니 아까 막다른 골목 주위로 '숲속의 집 빌라'라고 써 있었던 것이 생각났어요. 7~8분간의 짧은 극기훈련을 마치면 언제든 자유롭게 드나들 수 있는, 집에서 약 300m 거리의 비밀의 정원을 발견한 기분이랄까요. 그때 제 눈은 아마도 매우 반짝이고 있었을 겁니다.

그곳은 바로, 연세대학교 언더우드가 기념관이에요.

연세대학교의 전신인 연희전문학교를 설립한 언더우드 박사의 후손들이 실제로 살았던 사택인데, 연세대학교에 그 땅을 기증하고 현재는 그들을 기리는 기념관으로 보존되고 있는 곳이랍니다.

이 동네로 이사를 하고 어느덧 계절이 네 번 바뀌었습니다. 기세로 보면 매일같이 이곳에 드나들 거라 자신했던 것이 무색하게도, 생각만큼 그곳에 자주 들르지는 못했어요. 가끔 계절을 확인하기 위해 휴일의 한낮에 편안한 차림으로 읽지도 않을 책을 챙겨 언더우드가 기념관으로 갑니다. 단층 가옥을 동그랗게 둘러싼 정원은 연세대학교 캠퍼스와 연결되는 영역이에요.

그곳은 어떨 땐 근처 안산으로 이어지는 긴 산책의 출발점이기도 하지만, 오래 앉아만 있다가 돌아오는 종착지일 때가 더 많습니다. 오랜 세월 그 자리를 지켰을 키 높은 플라타너스 나무들이 울창한 그 작은 숲엔, 사이좋게 나란히 자리한 벤치들이 있어요. 그중 두 개는 앉았을 때 다리가 편하게 땅에 닿지 않아 다른 방향에 위치한 두 개의 벤치 중 시야가 가리지 않는 두 번째 자리를 저는 좋아해요.

저는 나름대로 '2번 벤치'라고 부르고 있어요. 그곳에 앉아 새들이 지저귀는 소리를 듣고, 나무의 무성한 잎들이 요란하게 색을 바꿔가며 찬란히 자태를 빛내는 광경을 무심하게 바라보다가 내려오고는 합니다.

그곳에 앉아 있으면 신기하게도 내가 좋아하는 많은 것들이 떠올라요. 30년을 넘게 한자리를 지켜온 '숲속의 섬'이라는 이모의 가게가 있었답니다. 어렸을 때부터 이모의 가게와 넓은 뜰에서 많은 시간을 보내며 자랐습니다. 가게가 '있었다.'고 과거형으로 말을 하는 이유는 주인이 바뀐 후 더 이상은 같은 모습으로 존재하지 않는 공간이기 때문이에요.

언더우드가 가옥을 처음 보았을 때 '숲속의 섬' 건물의 형태와 마당이 비슷한 모습을 하고 있어 흠칫 놀랄 수밖에 없었어요. 꽤 오랜 시간을 가슴에 꾹꾹 누르고 그리워만 했던 소중한 추억의 공간을 예고 없이 맞닥뜨린 기분에 하마터면 주책맞게 울음을 터뜨릴 뻔했답니다. 누구든 자유롭게 드나들 수 있는 작은 쉼터인 언더우드가 기념관 옆의 그 정원이 오랜 시간 그리워만 해왔던 내 마음속의 안식처를 조우한 느낌이었다면 설명이 될까요?

한번은 이사 오고 얼마 뒤 가끔 만나 산책을 함께하는 이웃에게 비밀의 정원을 보여주겠다고 잘 아는 척 길을 나섰다가 개구멍 통로를 찾지 못해 당황했던 적도 있었어요. 그때는 순간적으로 개구멍 통로가 사라졌다고 착각한 걸 진짜로 말을 해버렸다니까요. 길눈이 어두운 사람은 어디에서든 빈틈이 있는 법이죠. 네.

바람이 제법 불던 가을에 보이차를 내려 텀블러에 담고, 비밀의 정원 2번 벤치에 앉아, 우리가 처음 만났던 그날을 떠올렸습니다. 멜버른을 혼자 여행하던 중 모르는 사람에게서, 다짜고짜 일정이 맞으면 함께 저녁을 먹는 것이 어떻겠냐는 당황스러운 메시지에, 짐짓 놀라지 않은 척 최대한 부드럽게 거절하기 위해 단어를 고르던 순간도 떠오릅니다.

은희 씨는 곧이어 본인의 제의가 좀 이상하게 보일 것을 알아챘는지, 갑작스럽게 장황한 자기소개를 늘어놓았죠. 초등학교 교사를 하고 있는 19년 차 멜버른 교민이자 두 아이의 엄마라고 소개하면서, 살고 있는 동네의 좋아하는 시칠리안 식당으로 나를 초대했습니다.

솔직히 그간 한 번도 대화를 나눠본 적도 없고, 내가 오래전에 운영했던 카페를 어렴풋이 기억하는 정도의 랜선 이웃과 함께하는 갑작스러운 식사 자리가 편할 리가 없었죠. 만나기로 약속을 해놓고도 사실 나는 쿨하지 못하게 좌불안석인 채로 그 자리에 나갔답니다.

인생은 선택과 타이밍이라는 진부한 표현이 정확하게도 그날 스테이트 라이브러리 빅토리아 앞에서 만나 약 일곱 시간 동행했던 시간들이 멜버른 여행의 하이라이트가 될 줄 내가 짐작이나 했을까요? 우리는 식당에서 식사하고 와인을 마시며 쉴 새 없이 떠들고, 다른 와인바로 자리를 옮겨서까지 이야기를 이어 나갔죠.

중간에 들렀던 세차장 외부에 작게 자리한 힙한 창고형 젤라토 가게도 생생하게 기억합니다. 줄을 길게 늘어선 그곳에서 한 가지 맛을 고르는 게 너무 힘들어 고민에 고민을 거듭했었던 것도요. 리딩스 서점 거리에 즐비한 매력적인 숍들을 그냥 지나쳤던 것이 아쉬워

나중에 다시 한번 혼자 그 동네를 찾았지요.

　우리는 늦은 밤 와인을 한 병 더 비우고 나서야 헤어지고선 트램을 타고 가는 길에서도 메시지를 이어갔어요. 그날의 신기하리만치 편했던 식사 자리 이야기를 하고 여행 정보를 주고받다가 둘 다 내릴 곳을 지나쳐버리는 바람에 다시 돌아가는 해프닝을 겪기도 했고요. 그때를 떠올리면 집보다 친구들이 더 좋았던 시절로 돌아가 함께 깔깔거리며 시간여행을 한 것 같은 기분이 듭니다.

　공항으로 향하는 버스 안에서 나누던 인사 이후 여행을 마치고 서울로 돌아와선 2년 가까이 서로의 안부를 듬성듬성 나누다 지금에 와선 거의 연락을 주고받지 않게 되었습니다. 끝까지 융숭한 대접을 일방적으로 받은 것이 마음에 남아, 뭐라도 보답하고 싶어 주소를 물었을 때에도 은희 씨는 5년 정도 지나 다시 멜버른을 여행하게 되면, 그때 또 다시 만나 서로 살아가는 이야기를 실컷 나누자는 말로 답을 대신했었죠.

　우리가 만나 음식과 대화를 나눈 것은 반나절도 안 되는 시간이었지만, 멜버른에 머무르는 동안은 은희 씨가 알려준 산책 코스를 따라 길을 다니느라 혼자여도 함께 수다를 떠는 기분으로 여행을 마무리할 수 있었습니다. 우리는 당연히 서로 많이 다르고, 하지만 어쩌면 비슷한 기질을 가진 사람일지도 모른다는 생각을 걷는 동안 종종 했던 것 같아요.

　새 길을 밟는 여행지에서 때로는 생각지도 못한 낯선 사람의 대가 없는 호의에 기대게 될 때가 있습니다. 그런 종류의 친절은 실은 주고받기보다는 내가 받은 것처럼 다른 이에게 베푸는 것으로 순환하는 경우가 대부분인 것 같습니다.

　　살아가는 동안 멜버른에서의 시간들을 가끔 떠올릴 것을 압니다. 내가 언더우드가 기념관 2번 벤치에 앉아 은희 씨가 가이드 해준 멜버른대학과 멜버른 칼턴에 살고 있는 나와 동갑내기 친구를 갑자기 떠올렸던 것처럼요.

　　어쩌면 다시 그곳에 가지 못할지도 모르겠어요. 삶은 항상 계획과는 다르게 흘러가기도 하니까요. 만약 은희 씨가 서울에 온다면 우리 동네 비밀의 정원을 보여주고 싶습니다. 벤치에 잠시 앉아 있다가 산책길에 연결되는 라이카시네마로 걸어가 영화를 보거나 내가 좋아하는 중국음식점에 가서 칭다오에 탕수육과 짬뽕탕을 시켜도 좋겠지요. 은희 씨가 사는 동네의 좋아하는 스폿들을 내게 나눠주었던 것처럼요. 그때가 온다면 이모의 가게 '숲속의 섬' 사진도 보여주고 싶어요.

　　어제는 멀리 구례에서 스테이를 운영하고 있는 수강생의 갑작스러운 초대장을 받은 날입니다. 딱 한 번 내 수업을 들은 분인데 나를 초대하고 싶다고 했고, 매화가 필 무렵 그곳에 방문하기로 약속했어요. 그곳의 매화 개화 시기를 확인하면서 조금 행복해졌습니다. 예상하지 못했던 초대장으로 자연스럽게 멜버른 여행을 다시 떠올리게 됩니다.

　　은희 씨! 그때 나를 은희 씨의 세상으로 초대하고 환영해주어서 다시 한번 고맙습니다. 며칠 전 숲속 비밀의 정원에 다녀왔는데, 추

위로 인해 인적이 드물었어요. 잎이 거의 떨어져 앙상하게 가지만 남은 나무들만 저를 반겨주었답니다. 잎이 무성한 계절엔 하늘을 가득 채우는 신록에 시선이 빼앗기기 마련이지만, 겨울엔 그 빈자리들을 가득 채우는 겨울의 쨍한 볕과 하늘을 마음껏 올려다볼 수 있어서 그 또한 좋았습니다.

날이 따뜻해지는 봄이 되어 비밀의 정원을 다시 찾게 되면, 2번 벤치 앞 키 높은 나무의 사진을 찍어 은희 씨에게 다시 안부를 전할게요.

그럼 그때까지 잘 지내세요.

서울에서
백지혜

제철 음식과 계절을 온전히 누리며 사는 것이
제가 추구하는 인생의 가치라면,
앞으로의 날들도 세계의 다양한 음식을 맛보고
그 경험들을 요리 수업과 식당에서 녹여내어
사람들과 함께 나누며 살아가고 싶습니다.
잘 챙겨 드세요. 어디에서든!

『풍미 마스터 클래스』 9쪽

언제 다시 오더라도
지금처럼

—

제주도 하도리 해변

황의정

작가. 라이프스타일 숍 '파앤이스트'를 운영한다.
세미콜론의 책『각자 원하는 달콤한 꿈을 꾸고 내일 또 만나자』를 출간했다.
지은 책으로『여행하듯 랄랄라』등이 있다.

서울에서 제주로 와 산 지 10년이 훌쩍 지났다. 무심히 일상을 보내다가 문득 고개를 돌려 주변을 보니 달라져 있는 많은 것들이 눈에 들어온다. 그제야 나는 믿기지 않는 그 시간을 알아차린다.

봄날 뒷마당으로 난 창을 열면 노란 유채꽃이 창문 가득 출렁이던 뒷집 할망의 우영(텃밭)에는 커다란 이층집이 생겼고 태양계 바깥 행성의 한 귀퉁이마냥 칠흑 같던 마을길의 끝에는 편의점 불빛이 작게 반짝인다. 동네를 오가며 이웃 사람처럼 마주치던 웃는 얼굴의 개들도 모두 사라졌고 버스 정류장은 재정비되어 마을에서 공항까지 바로 가는 급행 버스도 생겼다. 사람도 차도 많아졌다. 섬 전체가 텅 빈 듯한 시절에 이곳으로 와 순백의 자연에서 누릴 만큼 누리며 이만큼의 세월을 살았으니 어쩌면 모두 당연한 변화들이다.

나는 제주 동쪽의 외딴 마을에서 축사로 쓰이던 창고를 고쳐 가게를 하고 있다. 내년이면 가게 문을 연 지도 10년에 접어든다. 주변을 꾸미는 소소하고 작은 물건들을 파는 가게는 모두의 걱정을 뒤로하고 오랫동안 많은 사랑을 받고 있다. 처음엔 널찍하게 놓여 있던 물건들이 이젠 빈틈없이 가득하고 스무 평 남짓한 가게의 안과 밖이 우리의 취향으로 빼곡히 채워졌다. 다양한 사람들이 가게를 찾아오지만 역시 가장 많은 손님은 관광을 위해 제주에 오신 분들이다. 가족 또는 친구와 연인. 사랑하는 사람들과 제주 여행길에 이곳에 들러서일까. 손님들은 하나같이 행복한 얼굴이다. 인생의 가장 행복한 한 순간에 있는 듯한 그들을 마주하고 있으면 내 마음도 둥실 떠오른다.

문득 육지의 가족과 친구들 안부가 궁금해져 회상에 잠긴다. 지금보다 훨씬 젊었던 부모님. 오랜만에 만나 어색할 법도 한데 너무 반가웠던 옛 친구들. 그날만큼은 나도 관광객이 되어 그들과 함께 제주의 이곳저곳을 즐겼던 시간들. 지금의 손님들처럼 한결같이 환하게 웃고 있던 우리. 추억에 너무 빠져들고 있는 건 아닌가 생각하던 찰나, 물건을 골라 계산대로 가져온 손님 한 분이 나에게 말을 건넨다.

"행복하시겠어요. 이렇게 아름다운 곳에서 좋아하는 일을 하며 살고 계시니까요."

"네."

웃으며 대답을 하고 나는 속으로 웅얼거린다.

'대체로 맞는 말씀이지만, 제주도에 사는 것이 그렇게 녹록하지만은 않답니다.'

겉으로 보기엔 여유로워 보이는 섬 생활이지만 아름다운 자연을 곁에 두고 사는 삶에는 나름의 고충도 있다. 문제는 대부분 날씨와 관련되어 있다. 비바람과 태풍, 폭설과 폭염. 도무지 예측할 수 없는 날씨 때문에 어떤 날은 온 마을이 잠정 휴업 상태가 된다. 그럴 때는 차라리 가게 문을 닫고 느긋하게 쉬면 좋으련만 그러다가는 가게를 열 수 있는 날이 1년의 절반도 안 될지 모른다. 너무 멀리서 일부러 찾아오는 손님들이 대부분이어서 귀한 걸음을 허투루 할 수 없고, 변화무쌍한 제주 날씨에 언제 어떻게 고립될지 몰라 가게는 쉬는 날 없이 운영하고 있다.

사정이 이렇다 보니 어떤 때는 쉬지 않고 매일 일만 하는 것 같아서 육지에서보다 더 바쁘게 느껴지기도 한다. 알아서 시간을 배분해 몸을 움직이고 요령껏 쉬는 수밖에 없다. 일단 강아지들과 산책은 무조건 매일 한다. 읍내 우체국이나 마트에 갈 때는 볼일을 마친 후 바닷가 방파제에 들른다. 조그만 포구 앞에 차를 세워 두고 방파제 턱 위에 걸터앉아 해안 도로를 따라 차들이 미끄러지듯 천천히 달리는 저 너머의 풍경도 구경하고 방파제 아래 조그만 백사장에 옹기종기 모여 앉은 갈매기 떼도 본다.

시내에 볼일이 있어 나갔다 올 때는 시간이 조금 더 걸리더라도 한라산을 끼고 큰 숲 가까이 있는 길로 돌아온다. 전시를 볼 수 있는 미술관이나 공연장, 대형극장과 서점, 쇼핑몰이 가까이 없는 제주의 시골에 살면 내키는 때에 마음껏 여흥을 즐기며 쉴 수 없기 때문에 휴식할 수 있는 여분의 시간을 스스로 짬짬이 만들어야 한다.

어쩌면 우리는 무한히 반복하듯 같은 하루하루를 살아가고 있는지도 모르겠다. 아침에 일어나 커피를 내려 마시고 창을 열어 오늘 날씨를 확인하고 소파의 먼지를 털어내고 함께 사는 식구들의 아침밥 먼저 챙긴 다음 공복을 달랠 정도로 나도 가볍게 배를 채운다. 가게로 나가 이런저런 일을 하며 사람들을 만나고 마감 후 해가 지기 전에 강아지들을 데리고 서둘러 산책을 간다. 그리고 다시 집으로 돌아온다. 마당을 잠시 내다보며 숨을 고르고 있자니 곧 어둠이 내려앉는다.

또 저녁 시간이다. 부랴부랴 저녁 식탁을 차려놓고 뉴스를 보고 영화를 본다. 차도 마시고 책도 읽지만 일거리가 남은 날은 저녁이 늦도록 분주하다. 그렇게 밤이 되면 하루의 루틴이 끝난 듯하지만 잠자리에 들기 전에 넘어야 하는 관문들이 아직 남아 있다. 부엌을 정리하고 씻고 양치질을 하고 강아지, 고양이들 모두 불편함 없이 잠자리에 들어 있는지 한 번씩 챙겨보고 굿나잇 인사를 한 후에 비타민을 챙겨 먹고 거실의 불을 끄고 나도 침실로 들어간다. 그러고 누워서 또 뭔가를 끄적거리다가 침대 머리맡의 작은 스탠드를 소등해야 그날 하루가 완전히 끝이 난다. 이렇듯 많은 관문을 넘으며 하루는 채워진다. 어떤 날은 큰일로 어떤 날은 소소한 작은 것들로 우리의 하루는 작고 크게 빈틈없이 꽉 채워져 있다.

시간을 촘촘히 나누어 매일을 반복하다 보면 유난히 마음의 여유가 없는 날이 있다. 그런 날은 하도리 바닷가에 가야 한다. 아침에 눈을 뜨자마자 나와 남편, 둘 중 누군가 이야기한다.

"우리 하도리 갈까?"

대충 세수만 하고 커피를 내려 보온병에 담아 곧장 차에 시동을 건다. 백사장에 의자를 펼쳐놓고 느긋이 앉아 이런저런 이야기를 쉴 새 없이 하다가 일순간 약속이라도 한 듯 아무 말 없이 각자 바다를 본다. 수평선 위로 길게 펼쳐진 우도와 빼꼼 고개를 내민 성산일출봉. 그 사이를 바삐 오가는 여객선들. 물때가 변할 때마다 모양이 달라지는 해변, 하얗게 빛나는 모래사장, 바람에 일렁이는 은갈색 억새풀 언덕과 쪽빛 바다. 제주에 사는 동안 정말 많은 것들이 변했는데 이 바다는 항상 그대로다. 다채로운 형형색색의 아름다움들이 늘 고스란하다.

처음 우리가 이 해변에 오기 시작한 것은 유난히 한적했기 때문이었다. 바로 옆에 관광객들이 오는 해변이 따로 있고 이 해변과 닿은 곳에 주차할 공간이나 샤워 시설이 없어서인지 한여름 휴가철에도 이곳은 늘 텅 비어 있었다. 백사장은 워낙 길어서 간혹 다른 사람들이 있더라도 서로 부딪힐 일이 없었고 정말로 인적이 드문 시간이라면 강아지들을 풀어서 맘껏 뛰게 할 수도 있는 유일한 해변이었다.

이런 여러 이유로 우리는 이 바닷가를 유난히 자주 드나들기 시작했는데 언제부턴가 강아지들을 위해서가 아니라 우리에게 약간의 여백이 필요하다 싶을 때 자연스레 이곳으로 오게 되었다. 여름이면 해거름에 개들을 데리고 내려와 어린아이처럼 까르륵거리며 해변을 뛰어다녔다. 가을 태풍에 밀려와 해변 가장자리에 쌓여 있는 유목들을 끌어모아 모닥불을 피우며 불멍을 즐겼고 백사장 끝의 갯바위에 서서 아무것도 잡히지 않는 낚시도 참 많이 했다.

그중 우리가 가장 좋아하는 것은 겨울이 시작되는 하도리 바닷가였다. 아직 아무것도 그리지 않은 하얀 캔버스처럼 텅 빈 바다는 고즈넉하다. 겨울이 되면 철새 도래지로 날아가는 새들이 수평선 위에 평행을 이루며 앞으로 나아가는데, 그 풍경과 고요가 너무 아름다워 넋을 놓고 바라보았다. 그 장면은 지금 우리가 해오고 있는 브랜드의 로고로 만들어졌고, 나는 그 바다에서 무수히 많은 사진을 찍으며 그곳을 더 선명하게 담아두고 싶은 마음에 다시 그림도 그리게 되었다. 물이 빠진 백사장을 걸으며 눈을 동그랗게 뜨고 주워 모았던 조개와 산호 조각과 작은 돌멩이들은 제품으로 만들어져 제주의 감성을 담은 우리의 대표 상품이 되었다. 아무것도 하지 않고 자연이 만들어내는 소리를 듣고 가만히 바라보았을 뿐인데 그곳에서 얻은 것이 이렇게 많다니 놀라운 일이다.

얼마 전 오랜만에 다시 하도리 바다에 다녀왔다. 지난가을, 불면 날아갈까 애지중지 15년 동안 함께 살던 큰 개 두식이를 떠나보내고 오랜만에 한 걸음이었는데, 그 녀석 생각으로 바다가 가득 채워져 있었다. 고개를 돌려 이리 보고 저리 보아도 온통 녀석 생각밖에 나지 않았다.

함께 소낙비를 맞으며 수영했던 늦여름의 바다. 해변에 흩어져 있는 나뭇조각과 부표들을 계속 주워 와 어서 바다로 던지라고 말하던 힘찬 꼬리짓. 그걸 입에 물고 물살을 헤치며 의기양양 내게 돌아오던 영원 같은 모습. 푸릇하고 선명한 4월의 나뭇잎처럼 우리 모두 젊었던 날들. 평생 수영이라면 누구에게도 진 적이 없었는데 작은 파도에 자꾸만 가라앉는 늙은 몸을 어쩌지 못해 나를 쳐다보던 아련한 눈빛. 이 바다에는 그 개와 함께했던 모든 순간이 사방에 모래 알갱이처럼 흩어져 있다.

파도가 밀려오면 생각이 밀려오고, 파도가 밀려 나가면 생각도 같이 밀려 나간다. 아무도 없는 하얀 모래사장 위에 무중력을 느끼듯 우두커니 서 있다가 찰캉찰캉 물결이 모래에 와 닿는 소리에 다시 마음이 일렁인다. 눈가에 찔끔 눈물이 맺혔다가 바닷바람에 허공으로 흩어진다. 고개를 들어 앞을 보니 햇빛에 반짝이는 잔물결 너머로 짙푸른 지미봉이 한눈에 들어온다. 하얀 명주실을 펼쳐놓은 듯한 구름이 너무 예뻐 한참을 바라보다가 발길을 옮겨 다시 해안을 따라 걸어본다. 구름이 걷히고 다시 해가 나왔는지 하얀 모래 위에 그림자가 하나 스르르 놓인다.

앞서가는 그림자를 잡아보려고 모래를 발끝으로 차올리며 성큼성큼 따라가보지만, 그림자는 길게 길게 달아난다. 제주 동쪽에 겨우 남은 빈 바다. 이 바다는 언제 다시 오더라도 지금처럼 우리를 맞아줄 것만 같다. 밀려오고 밀려가는 파도 소리. 떠도는 생각들. 대자연이 만들어내는 파동 안에서 작은 생각들이 파르르 떨린다. 여러 겹 덧대어지고 다시 이어지다가 생각은 조각이 되어 파도에 삼켜지고 먼바다로 밀려 나간다. 아무것도 하지 않고 가만히 있어도 누구도 뭐라 하지 않는 그곳에서 나는 다시 텅 비워진다.

앉아 있던 의자를 접어 모래를 털어내고 억새풀 사이로 난 작은 오솔길을 걸어 해변을 빠져나오며 생각한다. 오늘 저녁엔 또 무엇을 해 먹을까. 강아지들이 기다리고 있겠다. 어서 집으로 가야 해. 발걸음을 재촉하며 걷다가 무심코 뒤를 돌아보니 밝고 따뜻한 하도리 바다가 여전히 거기 있다.

제주도 하도리 해변

특히 사람과 함께 집 안에 사는 개는
사람 같은 표정을 지으며 사람처럼 늙어간다.
늙은 개가 소파에서 파묻히듯 누워 코를 고는 모습을 보거나
뿌웅 하고 방구를 뀌고서 눈을 껌벅이며 모른 척하는 걸 보면
할 말을 잃게 된다.
개와 함께 살아온 대부분의 사람들은
"으이그." 하고 말하면서도 귀찮은 온갖 일들을
개를 위해서 척척 잘도 해낸다.

『각자 원하는 달콤한 꿈을 꾸고 내일 또 만나자』 64쪽

6장

이동하는 공간

무한히 달리는 길 위에서

—

KTX

김겨울

작가. 철학과 대학원생. 유튜브 <겨울서점>을 운영한다.
세미콜론의 책 『떡볶이: 언제나 다음 떡볶이가 기다리고 있지』
『아니요, 그건 빼주세요』(공저)를 출간했다.
지은 책으로 『활자 안에서 유영하기』『유튜브로 책 권하는 법』『책의 말들』
『아무튼, 피아노』『겨울의 언어』『독서의 기쁨』『우화들』 등이 있다.

하루를 꼬박 쓰는 출장 일정은 대체로 단순하다. 집, 서울역, 지방의 어떤 역, 강연장, 다시 역, 서울역, 집. 햇빛으로 반짝이는 한강을 통과했다 어두컴컴한 창에 얼굴을 비추며 돌아오는 것이 정해진 수순이다. 아침 9시에 출발해 밤 9시에 집에 도착하는 그런 날에는 가만히 앉아 있어도 흔들리는 것만 같다. 고속열차의 규칙적인 진동이 혼곤한 머릿속의 배음이 된다. 부모가 아이를 안고 어르듯이. 흔들리다 보면 시간이 흐른다는 듯이.

프리랜서 생활을 한 지도 8년째, 서울역이 평범한 지하철역처럼 느껴진 지도 오래됐다. 달에 적어도 한두 번은 KTX를 타는 탓이다. 처음 지방 출장을 위해 KTX를 탔을 때와 비교하면 엄청난 변화다. 그땐 좀 떨렸다. 사람이 가득한 역사 안과 작은 도시락 가게들이 줄지어 서 있는 대기 공간, 열 개가 넘는 플랫폼과 아주 긴 기차……. 자칫 잘못하면 아주 먼 다른 곳으로 떠나버릴 수도 있는 무시무시한 긴장의 순간. 기차표를 몇 번이고 확인하고도 기차에 타서 출발할 때까지 이어폰을 내려놓는 것이 초보자의 증명이다. 하지만 시간은 흐르고, 어느 순간부터는 기차를 타는 일이 지하철을 타는 일과 다름없어졌다.

무침범의 시간

이동의 시간은 무침범의 시간이다. 아무도 나에게 이 시간에 차라리 다른 걸 하라고 닦달할 수 없다. 일의 신, 아니 일의 신의 할아버지가

와도 이 시간을 건드릴 수는 없는 것이다. 이동을 하려면 이동을 해야 하니까. 일을 하러 가려면 일을 하러 가야 하니까. KTX의 시간은 무침범의 시간의 확장형이다. 버스를 타는 30분이 있다면 KTX를 타는 세 시간이 있다. 무려 세 시간이나 있는 것이다, 세 시간이나! 세 시간이면 하루의 가용 시간 중 적어도 4분의 1 정도는 된다. 오가는 시간을 생각하면 여섯 시간이니까, 무려 2분의 1이나 된다. 하루의 절반을 원하는 대로 보낼 수 있다. 심지어 데이터가 잘 터지지 않는 공간에서.

  요새는 비행기에서도 와이파이가 연결된다지만, KTX에서는 와이파이나 데이터가 잘 터지지 않을 때가 있다. 특히 도시를 벗어날수록 그렇다. 간단한 메시지를 보내거나 인스타그램 정도를 확인할 수는 있지만, GV를 앞둔 영화를 미리 보기 위해 스트리밍을 할 수는 없다는 뜻이다. 뒤집어보면 KTX를 타는 동안 우리는 데이터 연결로부터 보호된다. 세상과 연결되지 않아도 된다. 머리 위에는 독서등이 있고 벽면에는 충전을 위한 콘센트와 USB 단자가, 정면에는 물건을 놓을 수 있는 테이블이 있다. 심지어 KTX에는 화장실도 있고 특실에는 간단한 견과류와 물도 준비되어 있다. 모든 것이 갖춰졌으니 원하는 것을 하면 된다.

  세 시간 동안 뭘 할지를 고민하는 건 출장을 준비하는 과정 중 가장 즐거운 일이다. 나는 마치 비행을 준비하듯 책을 챙기거나 다운로드할 영상을 생각한다. 뻔한 소리 같지만 주로 선택받는 건 책 쪽이다. 종이책 다섯 권 정도를 두고 고민하다가 한 권을 고르고, 혹시 모르니까 전자책 단말기도 챙긴다. 최후의 최후까지 미뤄 더 이상 미룰 수 없는 일이 있을 때에만 아이패드나 맥북 같은 걸 챙긴다. (그런 날엔 조금 울적하다.) 한창 피아노 협주곡에 꽂혀 있을 때는 40분짜리 협주곡을 세 곡 정도 들을 생각을 한다. 그렇게 듣고 앞뒤로 뭔가를 먹거나 책을 조금 읽으면 시간은 금방 간다.

오늘의 플랫폼을 찾는다. 11번 홈, 4번 객차, 9A. 좌석은 대개 특실로 구매한다. 옆자리 사람을 신경 쓸 일 없이 혼자 앉을 수 있다. 미리 카페에 들러 준비한 텀블러에 커피를 한 잔 샀고, 편의점에 들러 혹시 배고파지면 먹을 바나나와 두유도 샀다. 차가운 밖에 있다 들어오니 훈기가 느껴진다. 좌석에 도착해 가방을 내려놓고, 목도리와 옷을 벗어 벽에 위치한 옷걸이에 건다. 정면의 테이블을 꺼내 커피와 책을 올려둔다. 기차에서는 안내방송이 송출된다. 이 열차는 서울, 광명, 천안아산, 오송……을 지나 OO를 향하는 OOOO번 열차입니다 열차 번호 확인하여 착오 없으시기 바랍니다……. 고개를 들어 화면에 표시된 기차 번호를 다시 한번 확인한 뒤 이어폰의 노이즈 캔슬링 기능을 켠다. 기차에 탄 사람들은 두리번거리며 좌석을 찾고 있고 플랫폼에서는 작별인사가 한창이다. 나는 가만히 창밖을 바라본다. 이제 혼자 있을 순비가 됐다.

기차는 서서히 움직인다. 플랫폼을 벗어나 환한 빛이 들기 시작한다. 채도가 낮은 초록 철교를 지나는 동안 한강은 눈이 아플 만큼 반짝이거나 가끔 얼어 있다. 의자에 편하게 기대 커피를 조금 마시고, 책을 펼친다. 테이블에 두기에는 조금 멀다. 나는 팔걸이에 몸을 기대기도, 책을 기대기도 하며 슬슬 책을 읽어나간다. 집중하기 시작할 때쯤 기차가 터널을 지난다. 아차, 독서등을 켜야 한다.

독서등을 켤 때마다 나는 이상한 노스텔지어에 사로잡힌다. 의외로 독서등이 필요한 때는 밤 기차가 아니라 낮 기차다. 밤 기차는 등을 켜고 달리지만 낮 기차는 등을 켜지 않기 때문이다. 기차가 어두운 터널로 진입할 때, 홀로 머리 위를 비추는 독서등에서 나는 여전히 남아 있는 90년대의 냄새를 맡는다. 독서등이 사라지는 때가 올까? 그런 날이 온다면 조금 슬플 것 같다. 더 이상 쓸모 없어진 비행기 화장실의 재떨이처럼. 독서등의 불빛은 쨍하고 하얗게 책의 페이지를 비추고, 나는 다시 한번 책의 세계로 뛰어든다.

책 속을 탐색하는 동안에도 밖의 풍경은 시시각각 변하고 있다. 푹 빠져들어 읽다가 문득 고개를 들어 밖을 볼 때 나는 내가 기차 위에 있다는 사실에 새삼 놀란다. 이곳이 우리나라의 어느 벌판이라는 사실에. 내가 아주 빠른 속도로 움직이고 있다는 사실에. KTX에서 매번 하는 일은 이것이다. 가만히 앉아 밖을 보며 시시각각 변해가는 풍경을 즐기기. 내 삶이 오로지 이동하고 흐르는 것으로만 존재한다는 사실을 기억하기. 아주 가만히 멈춰 있는 순간마저도.

움직이는 것들

가끔은 가방에 카메라를 챙긴다. 근처에서는 만날 수 없는 광경을 찍을 수 있으리라는 기대 때문이다. 비교적 가벼운 화각 28mm 짜리 단렌즈 카메라(일명 똑딱이)를 넣을 때도 있지만, 건강이 허락하는 날에는 렌즈교환식 카메라를 선택한다. 50mm 단렌즈를 물릴 때도, 28-70mm나 24-90mm의 줌렌즈를 물릴 때도 있다.

　창문 밖으로 흘러가는 풍경은 그 자체로 하나의 영상이다. 영화 〈열차의 도착〉이 움직이는 기차를 스크린에 영사했다면, 기차는 반대로 빛을 반사한 밖의 풍경을 창을 통해 비춘다. 안보다 밖이 밝은 낮 시간에는 특히나 그렇다. 저마다 햇빛을 가리기 위해 블라인드를 내린 사람들의 옆으로 다 가려지지 않은 빛의 조각들이 창을 비집고 들어온다. 나는 책을 읽다 말고 멍하니 창밖을 보다, 지금 반드시 찍었어야 하는 순간들을 다섯 개 정도 지나친다. 그리고 황급히 카메라를 꺼내 들 때 기차는 터널에 진입한다. 나는 샐쭉한 표정이 된다. 하지만 조금만 더 기다리면 반드시 그런 순간들이 다시 찾아올 것임을 알고 있다.

　바삐 움직여야 하는 역과 강연장 사이에서의 시간보다 느긋한 기차 안에 있을 때가 카메라를 들고 있기 좋은 때다. 무엇보다 나는 가만히 있고 기차가 움직이고 있기 때문에, 가만히 앉아서도 계속 변하는 풍경을 볼 수 있다는 장점이 있다. 창밖으로 익숙한 듯 낯선 풍경이 시시각각 펼쳐진다. 폭이 넓은 강과 저 멀리 보이는 산이 있고 가을에는 화려한 단풍이 드는 나무와 높은 구름이, 겨울에는 녹지 않은 눈이 스쳐 지나간다. 굴뚝에서 연기가 올라오는 공장과 거대한 물류 창고, 소가 있을 게 분명한 축사와 마시멜로 같은 곤포 사일리지가 듬성듬성 놓여 있는 논밭……. 그리고 가끔은 아주 많은 무덤들. KTX의 창은 누가 닦는지 늘 깨끗하고 뽀독뽀독하다. 카메라를 비춰도 그게 창을 통과한 상이라는 사실을 의식하지 않을 수 있을 정도다.

　빠르게 달리는 KTX에서 사진을 찍으려면 셔터스피드를 아주 빠르게 설정해야 한다. 그래도 밖이 보이는 동안에는 최고 속도로 달리지는 않으니까, 일단 1/400초나 1/500초 언저리에서 감을 잡아본다. 대신 조리개를 열고 ISO도 조금 높인다. 달리는 기차에서 찍은 사진이라는 걸 드러내고 싶을 땐 셔터스피드를 약간 낮추기도 한다. 그러면 창밖의 나무나 건물이 형체를 누그러뜨리고 서로가 서로의 색을 묻힌다. 다시 산이나 터널, 방음벽이 나오기 전에, 내가 이 모르는 곳의 풍경을 볼 수 있을 때 재빠르게 찍어야 한다. 풍경은 계절마다 모습을 바꾸니까 마주쳤을 때 찍어야 한다. 다음에 왔을 때 그 풍경은 없을 것이다. 그래서 카메라를 한번 꺼내 찍기 시작하면 한동안은 찍기를 멈출 수 없다. 터널 지났을 때 다시 좋은 풍경이 나온 것처럼, 렌즈 캡을 씌우고 카메라를 가방에 넣는 순간 중요한 풍경이 다시 나타날 것이다.

가끔은 논밭에서 일을 하는 사람들의 뒷모습을 본다. 그 사람들의 하루를 상상해본다. 아침 일찍 일어나 아침을 먹고 옷을 갈아입고 채비를 해 밭으로 나가는 사람들……. 하지만 나의 상상력은 도시 사람의 벽에 부딪히고, 나는 의미 없는 상상을 다음 건물로 옮겨간다. 'OO택배'라는 이름이 쓰인 아주 작은 건물이 있다. 저 건물도 택배 창고로 쓰는 걸까? 그렇다기엔 좀 작고 지붕밖에 없는데, 그래도 뭔가 쓰임이 있겠지. 저곳을 드나들 사람들을 그려본다. 직전에 읽거나 본 작품의 영향이 크다. 얼마 전에는 〈이처럼 사소한 것들〉의 킬리언 머피를 머릿속으로 가져다놓았다. 엄청나게 무거운 석탄 자루를 옮기는 까만 손과 복잡한 얼굴 같은 것들을 생각했다.

약속된 이동의 시간이 지나면 약속된 장소에 도착한다. 속도로 거리를 접어 달렸다는 것이 실감 나지 않는다. 나는 부산에 있거나 광주송정, 창원중앙이나 김천, 익산, 동대구, 강릉, 천안아산, 오송과 그 모든 곳에 있다. 또 그 모든 도서관에. 삶은 길 위에 흘러가는 채로 있고, 나는 흩어지기를 마다하지 않는다. 그 오래된 헤라클레이토스의 말대로 "같은 강물에 두 번 발을 담글 수 없다.". 나는 기차 안에서 안전하게 삶을 흘려보낸다. 그리고 책과 음악과 창밖의 사람들을, 지나가버리는 그 모든 것을 생각한다.

그렇다면 좋은 떡볶이란 무엇인가?

좋은 떡볶이는 맛있는 떡볶이인가?

맛있다는 것은 주관적인 감상이 아닌가?

객관적으로 맛있는 떡볶이가 가능한가?

가능하다면, 객관적인 맛있음은 무엇에 의해 결정되는가?

'좋음'이 '맛있음'이 아니라면,

음식을 만들어 파는 음식점의 본질이

다른 것으로 결정되는 것이 합당한가?

위생이나 재료 상태, 점주와 본사의 관계,

지점과 아르바이트생의 관계는

'좋음'에 어느 정도의 자리를 차지하는가?

'좋음'은 누구에게 '좋음'인가?

여기서의 '좋음'은 사회적 '좋음'까지도 포함하는 것인가?

『떡볶이: 언제나 다음 떡볶이가 기다리고 있지』 114~115쪽

여전히 같은 꿈을 꾸게 하는 곳

―

모터사이클

신동헌

기자. 칼럼니스트. 방송인.
세미콜론의 책 『그 남자의 자동차』 『그 남자의 모터사이클』을 출간했다.
우리말로 옮긴 책으로 『카 북』 『모터사이클 바이블』 등이 있다.

영국 시인 존 던은 "인간은 섬이 아니다(No Man Is An Island.)."라고 했지만, 때로는 완전히 고립되고 싶을 때가 있다. 나는 대문자 E의 외향형 인간으로, 타인과 눈을 마주치고 숨결을 나누며 치유되는 경우가 있는가 하면, 아무도 없는 혼자만의 세상에서 비로소 편안함을 느끼는 순간도 있다. 인적이 드문 산속이라든지 아무도 들어올 수 없는 밀실에서 혼자임을 자각할 수도 있겠지만, 다른 모든 존재로부터 격렬하게 멀어지고 싶을 때 나는 모터사이클에 오른다. 모터사이클에 올라 헬멧을 쓰고 가죽 재킷의 지퍼를 끝까지 올린 후 글러브를 끼고 시동을 걸어 오른손을 비틀면 혼자만의 공간에서 혼자만의 시간이 시작된다. 자동차에 올라 시동을 걸고 안전벨트를 맨 후 달리기 시작하는 것과 크게 다를 건 없다.

　　모터사이클은 온몸이 노출된 채 올라타 있는데도 세상과 격리된 기분을 느끼게 하는 기묘한 물건이다. 모터사이클에 앉아 있으면, 사람들은 아무 이유 없이 눈살을 찌푸리기도 하고 필요 이상으로 놀라기도 한다. 그렇게 눈길을 끄는 존재로 취급받다가 또 도로 위에서는 투명인간처럼 없는 사람 취급을 당하기도 한다. 빤히 보일 텐데도 차로 밀어붙이거나 담뱃재를 툭툭 털어대는 경우도 있다. 불붙은 악의가 있어서라기보다는 낯선 존재로 인식하기 때문이겠지만. 어쩌면 그렇게 낯설어하는 사람들, 그들의 사회적 선입견이 모터사이클을 고립된 혼자만의 공간으로 느끼게 해주는 것인지도 모르겠다.

　　내가 처음 모터사이클이라는 탈것에 매력을 느낀 건 분명 그 불량스러움 때문이었던 것 같다. 엄마 말씀 잘 듣고, 어른에게 공손히

인사하고, 길을 건널 때는 손을 들어야 착한 아이라고 믿으며 살아가다가 뭔가 세상이 조금씩 다르게 보이기 시작하던 무렵이 되면, 위험한 냄새가 풍기는 물건에 관심이 가게 마련이다. 친구 중에는 겁도 없이 올라탔다가 팔이 부러지거나 얼굴에 상처가 생긴 녀석들도 있었다. 가족 중에 누가 죽었다든가, 논두렁에 박혀서 몇 달 동안 병원 신세를 졌다는 이야기도 심심찮게 들었다. 대부분은 좀 더 철이 들면서 여자친구를 태우거나 친구들과 함께 몰려다닐 수 있는 자동차로 관심을 옮겼다.

    나는 짝다리를 짚은 것처럼 한쪽으로 기울어 서 있는 모터사이클의 모습이 좋았다. 바퀴가 두 개뿐이어서 혼자서는 제대로 서 있지도 못하는 탈것. 한쪽으로 스윽 기울어져서 고개를 삐딱하게 돌리고 서 있는 모습이 왠지 멋졌다. 멈춰 있을 때는 다리로 지탱하지 않으면 금세 자빠지는 주제에 속도를 올리면 올릴수록 땅바닥에 달라붙은 것처럼 단단하게 일어서는 불완전한 모습이 마치 나 자신처럼 느껴졌는지도 모르겠다.

    사람들은 스피드를 즐기기 위해 모터사이클을 타는 줄 알지만, 속도는 그닥 중요한 요소가 아니다. 자빠지려고 하는 두 바퀴를 일으켜 세워 똑바로 달리게 하는 그 행위 자체가 모터사이클을 타는 즐거움이다. 소파에 앉듯 털썩 주저앉아 이리저리 핸들을 돌리며 방향만 바꾸는 자동차와는 비교도 할 수 없을 정도로 치열하고, 정교하고, 과격한 조작을 하지 않으면 세상 사람들이 말하는 것처럼 위험한 물건이 되고 만다.

"내 그럴 줄 알았다."

그딴 소리 듣고 싶지 않아서라도 앞바퀴의 궤적과 뒷바퀴의 접지와 엔진의 반응을 살펴가며 끊임없이 조작해야 한다. 헤엄치지 않으면 아가미로 산소가 흐르지 않아 죽는 상어처럼, 모터사이클은 속도를 내며 달려야 넘어지지 않는다. 좌우, 상하의 움직임을 읽어가며 시선을 돌리고, 오른손으로 스로틀을 비틀고, 왼손으로 클러치를 연결한다. 왼발로는 기어를 변속하고, 오른발로 조작하는 뒷브레이크는 속도를 줄이기 위한 장치가 아니라 뒷바퀴가 땅바닥에 붙어 있도록 도와주는 자세 조절 장치다. 대부분의 라이더들도 이게 무슨 말인지 이해하기 어려울 텐데, 앞과 뒤의 브레이크가 분리되어 있을 뿐 아니라 뒷브레이크는 감속할 때와 가속할 때도 사용한다. 오른 손가락은 정말 중요하다. 아무 생각 없이 힘껏 레버를 움켜쥐었다가는 순식간에 머리부터 땅바닥에 닿는다. 헬멧을 안 썼다면 거기서 끝이고, 헬멧을 썼다면 헬멧에 눌려 빗장뼈가 부러진다. 오른 손가락은 스을쩍 부드러우면서도 신속하게, 지그시 힘을 줘야 모터사이클의 속도를 제어할 수 있다.

조수석에 앉은 운전 강사나 친구도 없이, 모터사이클 라이더는 처음부터 그 모든 과정을 혼자 익혀야 한다. 친구로부터 배우든, 라이딩 교본을 침대 머리맡에 두고 달달 외울 듯이 읽든, 잠들 때도 섀도 라이딩을 하든 간에 모터사이클의 안장에 앉는 순간부터는 철저히 혼자서 그 모든 과정을 자신의 것으로 만들어야 한다. 자동차라면 아무 조작 없이도 앞으로 달릴 수 있고, 어딘가 부딪히기 전에 브레이크만 밟으면 멈출 수 있겠으나, 모터사이클은 액셀러레이터를 너무 열면 앞바퀴가 들리고, 속도를 너무 줄이면 휘청대다 자빠지고 만다. 코너를 돌다가 바깥으로 밀려나더라도 자동차라면 차체가 가드레일에 조금 긁히는 정도겠지만, 모터사이클은 절벽 너머로 슈퍼맨처럼 날아갈 수도 있다. 가만 생각해보면 그 모든 리스크를 혼자 감당해온 내가 신기할 정도다.

"왜 모터사이클을 타시나요?" 하고 물으면 많은 이들이 '자유를 위해.' 혹은 '개성을 위해.'라고 대답하겠지만, 나는 아마도 '살기 위해.' 타고 있는 것 같다. 우리는 노력하지 않아도 숨을 쉴 수 있고, 목숨을 걸지 않아도 끼니를 때울 수 있다. 삶이 힘들고 지치는 거야 어느 동물이나 마찬가지겠지만, 지금의 인류는 역사상 그 어떤 생명체보다 간단하게 살아낼 수 있다.

그런데 모터사이클 위에 올라 달리는 동안에는 어느 하나도 허튼 동작 없이, 어느 하나 멍하니 보내는 순간 없이 주변을 살피고, 노면을 파악하고, 공기의 냄새로 날씨의 변화를 느끼고, 즐거웠던 순간을 백미러 속으로 흘려보내면서 한순간 한순간을 오롯이 살아내야 한다. 별거 아닌 '오토바이 타기'에 이처럼 많은 의미를 남몰래 부여하면서 혼자 헬멧 속에서 뿌듯해하는 것도 모터사이클 위에서라면 설득력이 있다.

소싯적에는 누군가의 시선을 느끼기 위해 모터사이클에 오른 적도 있었지만, 어지간히 바보가 아니고서야 그런 착각 속에 모터사이클을 타지는 않는다. 이동 수단으로서의 탈것이 아니라 달리는 행위 자체가 목적이 되면, 시선이 존재하지 않을수록 즐겁다. 개방되어 있으면서 폐쇄되어 있는 공간. 어떤 공간 안에 존재하면서도 맹렬하게 그 공간으로부터 벗어날 수 있는 유일한 존재.

　　라이더는 봄바람 냄새와 겨울 냄새를 구분할 수 있고, 태양의 냄새와 비 냄새를 구분할 수 있다. 걸어가면서 맡는 그것과는 좀 다르다. 시공간의 이동이 함께하면 계절의 변화를 실시간으로 비강 속에 채울 수 있다. 때로는 갑작스런 비에 흠뻑 젖기도 하고, 땅 위에 뿌려진 모래에 미끄러지는 뒷바퀴를 느끼고는 깜짝 놀라기도 한다. 평소에는 대수롭지 않게 여기던 맨홀이 얼마나 미끄러운지, 도로 위의 차선이 그려진 지 얼마나 되었는지도 두께와 질감으로 알 수 있다. 주유소마다 조금씩 다른 가솔린의 냄새와 색깔 차이도 알 수 있고, 밤새 식어 있었던 아스팔트를 태양이 데우는 감각을 느낄 수도 있다.

　　북쪽을 향해 달리다 보면 저 멀리 개마고원을 넘어 시베리아와 중앙아시아를 지나 유럽까지 도달할 수 있다는 사실도 모터사이클 위에서는 실감할 수 있다. 나만의 작은 공간인 모터사이클은 때로는 느긋하게, 때로는 법정 속도를 몇 배나 넘어서는 스피드로 그 영역을 확장할 수 있다. 지하 주차장 구석에도, 뻥 뚫린 도로 위에도, 국경을 넘는 페리 위에도 존재할 수 있다.

　　만약 모터사이클 경험이 없는 사람이 이 글을 읽으면서 어떤 이미지를 떠올리고 계시다면, 미안하지만 당신이 상상하는 그 장면은 완전히 틀렸다고 말해주고 싶다. 가령 개마고원이나 국경을 넘는 페리가 아니라 누구나 잘 아는 에펠탑이라도, 모터사이클 위에서 보는 건 완전히 다르기 때문이다.

　　파리 시내에서 모터사이클을 타고 달리다가 어떤 건물을 끼고 우회전을 했는데, 바로 앞에 에펠탑이 나타난 적이 있다. 그 우회전의 순간이 마침 오후 7시 59분 59초여서, 오른쪽으로 기울어지며 코너를 돈 모터사이클이 수직으로 서자마자 에펠탑의 조명이 폭발하듯 켜지며 번쩍였는데, 그 광경은 도저히 사진으로 담아내거나 영상으로 찍어 나타낼 수 있는 게 아니었다. 잡지사 에디터로 일하면서 그 광경을 담아내기 위해 수많은 사진가, 비디오그래퍼와 의논했지만 그 감동을 표현해낼 방법을 찾지 못했다. 기적적인 타이밍과 오래된 건물, 조약돌로 포장된 도로의 덜컹거림, 모터사이클의 3차원 움직임까지 더해지지 않으면 그 감동은 재현해낼 수 없다. 심지어 나는 그 감동을 다시 맛보려고 몇 번이나 파리에 갈 때마다 매시 55분 무렵이 되면 그 부근을 해메었는데, 결국 재현해낼 수 없었다.

많이들 알고 있는 에펠탑으로 예를 들었지만, 사실 모터사이클 공간에서 경험한 수많은 보석 같은 시간을 글로 표현해낼 재간은 내게 없다. 모터사이클 위에서 경험한 희열과 즐거움을 더 많은 이들에게 알리고 싶어 기자라는 직업을 택한 지도 벌써 26년이나 되었는데 아직도 내가 느낀 감정을 정확히 표현할 능력을 키우지 못했다. 능력이 없거나 글솜씨가 달리는 건 또 아닌 것 같은 것이, 글 쓰는 일을 하면서 가정을 이뤘고, 두 아이를 낳고, 서울에 집을 샀다. 처음 일을 시작할 무렵에는 시속 100km도 힘겨웠던 125cc 중고 모터사이클을 탔는데, 지금은 합계 5,000cc에 달하는 다섯 대의 모터사이클을 갖고 있다. 대수나 배기량에 비례해서 즐거움이 증가하는 것은 아니지만, 적어도 나는 모터사이클 위에서 꾼 꿈으로 또 다른 꿈을 이루며 살아가고 있다. 물질적인 것보다는 같은 꿈을 여전히 꾸고 있다는 사실이 자랑스럽고 또 사랑스럽다.

　누군가가 모터사이클이 위험하지 않냐고 물어보면 나는 위험하다고 말한다. 대부분의 어른들에게 꿈이란 위험한 거니까. 그래도 나는 안전한 남자보다는 위험한 남자가 멋진 것 같아서, 쉰 살이 된 후로 부지런히 운동을 하고 있다. 죽을 때까지 나만의 공간으로 달려가기 위해.

이십 년 가까이 모터사이클을 타면서 위험을 느낀 적도 많았고,
환멸을 느낀 적도 많았다.
사랑하는 친구를 잃은 적도 있었다.
그럼에도 불구하고 나는
오늘도 모터사이클에 올라 시동을 건다.
뭔가 멋지게 그 이유를 설명하고 싶지만
어떤 말로도 표현하기 어려운 게 사실이다.
그저 시동을 걸고 스로틀을 열면서
타이어가 노면을 박차는 것을 느끼는 순간,
헬멧 안에서 씩 웃음이 나온다. (……)
분명한 것은 밤하늘에 빛나는 별의 개수만큼,
모터사이클에는 수많은 즐거움이 있다는 것이다.

『그 남자의 모터사이클』 11쪽

아무것도 없는 여기에
그럼에도 있는 것

—

일산대교

하현

에세이스트.
세미콜론의 책『아이스크림: 좋았던 것들이 하나씩 시시해져도』
『아니요, 그건 빼주세요』(공저)를 출간했다.
지은 책으로『달의 조각』『이것이 나의 다정입니다』『어쩌다 보니
스페인어였습니다』『어느 맑은 날 약속이 취소되는 기쁨에 대하여』등이 있다.

"내가 있잖아, 재밌는 앱을 발견했거든?"

설 연휴를 앞둔 어느 날, 오랜만에 만난 친구와 커피를 마시다가 뜬금없이 앱을 하나 추천받았다. 눈동자를 반짝이며 친구가 건넨 휴대폰 화면에 떠 있는 건 다름 아닌 사주 앱이었다. 흠……. 이게 그렇게 용하단 말이지? 이런 쪽에는 딱히 관심이 없어 평소라면 대충 흘려듣고 말았겠지만 이번에는 달랐다. 꼭 새해라서 그런 것만은 아니었다. 퇴사한 지 한참이 지났는데도 새로운 진로를 찾지 못하고 방황하는 막막한 상황이 기약 없이 길어지고 있던 참이라 직업운을 볼 수 있다는 말에 솔깃했다. 직접 가서 보는 것도 아니고, 어차피 공짜라는데 한번 해보지 뭐. 그렇게 난생처음 사주 앱이라는 걸 다운받았다.

간단한 회원가입을 마친 뒤 생년월일과 함께 태어난 시각을 입력하니 사주 풀이를 볼 수 있는 창이 열렸다. 정관, 비견, 정인, 편재, 식신……. 암호처럼 알쏭달쏭한 말들로 가득한 표는 도무지 뭐가 뭔지 알 수가 없었고, 대신 그 아래의 짧은 문장 하나가 눈에 들어왔다.

하현 님은 강한 물의 기운을 지니셨군요!

물이 많은 사주. 한자로 쓰여진 복잡한 말들을 요약하면 이렇게 되는 모양이었다. 그렇구나, 내 사주에는 물이 많구나. 특별히 놀랍거나 신기한 일은 아니었다. 사주에 대해서는 아무것도 모르지만 어쩐지 그냥 그럴 것 같았다. 이름에도 이미 물(河)이 있었으니까.

"사주에 물이 많으면 조용하고 차분하며 정적이다. 남에게 속마음을 쉽게 내보이지 않으며 조심스럽고 신중한 편이다. 신체적인 활동보다 정신적인 활동을 즐긴다. 오, 맞는 것 같은데?"

"나는 불이 많다고 나오는데. 그래서 우리 성격이 완전 반대인가 봐."

"근데 난 수영도 싫어하고 바다도 별로 안 좋아하잖아. 물이 너무 많아서 그런가?"

"너 강 좋아하잖아, 일산대교."

맞아, 그랬지! 그 말을 듣는 순간 생각났다. 2000번 버스와 일산대교, 그리고 그곳에서 바라보는 한강 하구의 풍경이.

가족들과 함께 살던 일산 집을 떠나 김포로 독립한 건 서른 살이 되던 해였다. 조용히 읽고 쓸 수 있는 혼자만의 공간이 절실해 아무 준비 없이 덜컥 김포의 한 원룸 오피스텔 월세를 얻으며 시작된 자취생활. 그리고 그와 함께 김포와 일산을 오가는 간헐적 두 집 살림도 시작되었다. 딸의 갑작스러운 독립을 받아들이기 힘들어하는 엄마를 위해 2주에 한 번씩 일산에 가서 두 밤을 자고 오던 루틴은 5년이 지난 지금까지도 계속 이어지고 있다. 내가 차근차근 1인분의 살림을 꾸려 나가는 동안 엄마 역시 새로운 삶에 적응하려고 애썼을 것이다.

김포 집과 일산 집은 가까운 듯하면서도 멀다. 자가용이나 택시를 이용하면 30분이 조금 넘게 걸리는 거리지만 버스를 타면 중간에 환승을 해야 해서 딱 세 배의 시간이 걸린다. 시내버스 한 시간, 마을버스 30분. 그 긴 여정이 마냥 싫지만은 않은 이유는 딱 하나다.

우리 동네에서 일산으로 가는 유일한 대중교통인 2000번 버스는 한강을 건넌다. 김포와 일산을 연결하는 그 다리의 이름은 일산대교다. 일산대교를 좋아한다고 말할 때면 언제나 변명처럼 구구절절 설명을 덧붙이게 된다. 스물여덟 개의 한강 다리 중 가장 하류에 위치한 일산대교는 내가 보기에도 초라하고 쓸쓸하다. 일산대교에는 아무것도 없다. 반포대교 같은 아름다운 분수도, 양화대교 같은 근사한 야경도, 동작대교 같은 시원한 전망도. 다만 커다란 전광판과 톨게이트만이 그 존재감을 뽐내며 이곳이 한강 다리 중 유일한 유료 교량이라는 사실을 상기시킬 뿐이다. 통행료 상습 미납 차량 형사 고발! 빨간 글씨로 강조한 경고문과 함께.

여기까지 말하면 모두 의아한 얼굴로 묻는다.

"근데 일산대교가 왜 좋아?"

언제부턴가 일산에 다녀오면 꼭 긴 낮잠을 잔다. 이상하지, 분명 잘 먹고 잘 쉬다 왔는데 집에 도착해 가방을 내려놓는 순간 피로감이 밀려들며 참을 수 없이 잠이 쏟아진다. 그렇게 두세 시간쯤 기절하듯 자고 일어난 뒤에야 겨우 정신을 차리고 일상으로 돌아온다. 물론 처음부터 그랬던 건 아니다. 혼자 사는 삶이 익숙하지 않았던 자취 초반에는 일산 집에서 더 큰 안정감을 느꼈다. 한 해 두 해 시간이 흐르고, 여섯 평짜리 원룸 오피스텔이 나의 세계가 되고, 일산 집은 잠시 머무르는 곳이고 김포 집은 돌아오는 곳이라는 생각이 머릿속에 자리 잡았을 무렵부터 이런 패턴이 반복되기 시작했다. 그건 내 마음의 중심이 저쪽에서 이쪽으로 옮겨 왔다는 뜻이기도 했다.

사랑하는 사람을 미워하지 않는 가장 쉬운 방법은 그와 여섯 시간 이상 함께 있지 않는 것이다. 일산에서의 시간은 언제나 여섯 시간보다 훨씬 길고, 그래서 사랑 말고도 아주 많은 감정들이 마구잡이로 끼어들며 마음속을 어지럽힌다. 가족이란 뭘까? 냉정하게 들릴지도 모르지만 가족 역시 타인이다. 아무리 가깝고 아무리 사랑해도 결국 타인이기에 우리는 끝끝내 서로를 완전히 이해하지 못한다. 산뜻한 반가움 사이로 떠오르는 자질구레하고 케케묵은 문제들을 외면하거나 맞닥뜨리며 나는 다시 혼자가 되고 싶어진다. 나를 태어나게 한 복작복작한 세계를 벗어나 내가 만든 작고 고요한 세계로 돌아가고 싶어진다.

"물이 많은 사주는 고독할 수 있대. 구속당하는 걸 극도로 싫어해서 사람들과의 관계를 피하거나 일방적으로 끊어버리기도 한다는데?"
"음……. 원래 물은 손에 안 잡히잖아. 잡으려고 해도 다 흘러가버리고. 그래서 그런 거 아닐까?"

인간은 혼자 살아갈 수 없으니 사람들과 어울리는 방법을 배울 필요가 있겠습니다. 융통성을 가지고 유연하게 행동하면 복이 찾아올 것입니다.

그날 봤던 사주 풀이는 이런 문장으로 끝났다. 혼자일 때만 자유로움을 느끼는 나를 다 들켜버린 것 같아서 뜨끔했다. '융통성을 가지고 유연하게 행동하면 복이 찾아온다.' 그 말에 대해 생각하느라 정작 제일 궁금했던 직업운은 어땠는지 까맣게 잊어버렸다.

일산에서 두 밤을 보내고 다시 김포로 돌아가는 길. 2000번 버스 맨 뒷자리에 앉아 이어폰을 꽂고 플레이리스트를 연다. 한강 구간까지 남은 시간은 20분. 그 시간 동안 나는 깊은 고민에 빠진다. 일산대교를 건너며 들을 노래를 골라야 하기 때문이다. 날씨와 기분, 그날의 상황을 고려해 한 곡을 고르고 나면 남은 건 타이밍을 맞추는 일. 다리 한가운데를 지날 때 후렴 부분이 나오도록 시간을 잘 계산해 재생 버튼을 누른다.

한강 하구에는 바다처럼 밀물과 썰물이 있다. 모래톱에 옹기종기 모여 있는 갈매기들과 '형제섬'이라는 이름의 아주 작은 바위섬도 있다. 신중히 고른 노래를 들으며 창밖으로 펼쳐지는 풍경을 가만히 바라보고 있으면 그제야 비로소 진짜 쉬는 것 같은 기분이 든다. 일산 집에 없는 홀가분함과 김포 집에 없는 연결감이 일산대교에는 모두 있는 것 같아서, 그 다리를 건너는 2분 남짓한 짧은 시간이 한없이 아쉽기만 하다.

일산대교를 건너 김포에 진입하면 습관처럼 휴대폰 메모장을 열어 짧은 일기를 쓴다. 다리 위에서 한 생각들은 몇 개의 문장이 되고, 그것들은 내 마음속에 차곡차곡 쌓여 어떤 날의 용기 혹은 위로가 된다. 최근에는 이런 일기를 썼다. 당장이라도 비가 쏟아질 것처럼 하늘이 흐리고 바람이 세게 부는 날이었다.

물은 참 신기하지. 있다가도 사라지고 없다가도 다시 생긴다. 오늘은 오랜만에 한강의 만조를 봤다. 갈매기들이 앉아 있던 모래톱이 완전히 물에 잠겨 모습을 감춰버렸다. 운 좋게 차지한 2000번 버스 맨 뒷자리에 앉아 일산대교를 건너며 흐름과 리듬에 대해 생각했다. 잘 흘러가기 위해서는 자기만의 리듬을 찾아야 하는 것 같다. 잘 흘러간다는 건 뭘까? 너무 오래 고여 있지 않는 것. 수직보다 수평으로 움직이는 것. 거친 듯 잔잔하고 잔잔한 듯 거친 것. 삶이라는 게 막막한 숙제처럼 느껴질 때면 이 풍경을 떠올린다. 그러니까 딱 물처럼만 살면 된다고, 그러면 모자랄 것도 넘칠 것도 없다고. 그런 생각을 하는 사이 어느새 다리의 끝에 다다랐다.

　　물을 바라보며 하는 생각은 어쩐지 물을 닮았다. 그래서일까? 일산대교를 지나며 쓴 문장들은 평소보다 유연하고 찰랑거린다. 끝없이 갈라지고 합쳐지는 물처럼 일산에서의 삶과 김포에서의 삶도 서로 분리되고 뒤섞이며 계속되겠지. 그 사이에 일산대교가 있어서 이쪽에서 저쪽으로, 다시 저쪽에서 이쪽으로 매끄럽게 흘러갈 수 있다. 함께임에 안도하고 혼자임에 만족하며 두 집 살림을 이어간다. 사랑하고 미워하고 지긋지긋함을 느끼고 다시 애틋해지면서.

　　"일산대교가 왜 좋아?"

　　그 질문에 변명 같은 긴 대답을 늘어놓는 대신 보여주고 싶다. 매일 조금씩 다른 풍경을 만드는 한강의 만조와 간조를, 하염없이 무언가를 기다리고 있는 것 같은 한 무리의 갈매기 떼를, 아름답지도 특별하지도 않은 풍경을 멍하니 바라보는 버스 안 승객들을, 그 평범한 순간이 만드는 작고 희미한 평화를. 다리의 끝에 다다를 때쯤이면 알게 될 것이다. 반포대교나 양화대교에는 없고 일산대교에만 있는 게 무엇인지. 아무것도 없는 여기에 그럼에도 있는 것. 그게 바로 내가 일산대교를 좋아하는 이유다.

우울한 밤에 할 수 있는 가장 건전하고 생산적인 활동은
마트 전단을 보는 것이다.
마트 전단은 지나간 날을 돌아보지 않게 만든다는 점에서
미래지향적이다.
어제의 세일 정보가 궁금해서 전단지를 펼치는 사람은 없다.
커다란 종이 가득 빼곡하게 적혀 있는 할인 품목과
날짜별 특가 상품을 확인하는 동안
나는 오늘과 내일, 길어도 보름을 넘지 않는
가까운 미래에만 집중한다.
곧 내게 다가올 날들, 다가와 새로운 오늘이 될 날들.

『아이스크림: 좋았던 것들이 하나씩 시시해져도』 78~79쪽

어디여도 좋을,
어디론가 가야 하는

―

일본 철도

안은별

연구자. 작가.
세미콜론의 책 『미소녀 전사 세일러 문』 완전판, 『스즈키 선생님 7~11』
『기계 장치의 사랑 1, 2』 『신 이야기』를 우리말로 옮겼다.
지은 책으로 『IMF 키즈의 생애』 『연구자의 탄생』(공저)
『바로 손을 흔드는 대신』(공저) 등이 있다.

전 남자친구는 종종 이런 놀이를 하곤 했다. 그리고 나는 거기에 기꺼이 휘말리곤 했다. '조건부 이동'이라고 임시로 이름 붙여보자. 예를 들어 카셰어링 서비스로 가장 적은 돈을 들여 가장 멀리까지 다녀오기 같은 것들. 어느 겨울밤 늦은 시간, 우리는 닛산의 전기차를 빌려 도쿄에서 나고야 방향으로 출발했다. 우리는 도메이(東名) 고속도로에 올라 이 노선의 4분의 3 정도를 달린 뒤 어떤 톨게이트도 빠져나가지 않고 반대 방향으로 돌아올 수 있는 길로 가, 차가 세워져 있던 집 근처로 돌아왔다. 하필 밤에 차를 빌린 것은 파격적인 야간 할인이 있었기 때문이다. 우리가 간과한 것은 추운 겨울밤 전기차로 30분을 달리면 배터리가 닳아버린다는 점, 마주치는 모든 휴게소에 정차해 충전해야만 했다는 점이다. 도메이 고속도로 위에는 각종 참신한 기념품이나 한정판 과자로 가득 찬 쇼핑몰급 휴게소도 있긴 하지만 우리가 멈춘 곳은 주로 화물차 기사들을 위한 간이 휴게소였고, 이미 영업이 종료된 휴게소의 썰렁한 테이블 앞에서 차가 충전되길, 시간이 지나가길 하염없이 기다렸다. 고속도로 밖으로는 한 발짝도 나가지 못하고 경치 따윈 없는 주행과 휴게소에서 대기하길 반복하며, 주위와 졸음과 친구 하며 길에서 밤을 보낸 뒤 아침 해를 보며 집으로 돌아왔다. 누군가 들으면 끔찍하다고 할 여행이었겠지만 내겐 신기하게도 즐거운 경험이었고, 그 평가는 그 애랑 헤어진 지 한참 된 지금도 마찬가지다.

또 어느 날은 인터넷에서 '수도 고속도로에서 요금소를 빠져나가지 않고 도쿄역에서 사람을 내려줄 수 있는 비밀의 장소, 야에스(八重洲) 승객 통로'라는 글을 보고 그가 살던 요코하마에서 그 '비밀의 장소'까지만 차로 데려다준 적도 있다. 수도 고속도로의 도쿄역 근처 지하 노선 중간에 사람이 통행할 수 있는 문이 하나 있는데, 그걸 통해 도쿄역으로 갈 수 있다는 것이었다. 아마도 큰 짐이 있을, 먼 길을 갈 신칸센 이용자들을 역까지 바래다줄 때의 팁인 듯했다. 문제는 우리집이 딱히 도쿄역이랑 가깝지 않았다는 것, 그러니까 요코하마에서 그냥 전철 타고 가는 게 더 편했다는 것, 그 '비밀의 장소'가 워낙 뭐랄까, '여기 정말 들어가도 되나?' 싶은 개구멍 같은 비주얼이었다는 점, 그 개구멍도 일단은 고속도로 위에 있으니 내려줄 때 제대로 된 배웅이 가능하긴커녕 길바닥에 버려진 듯한 기분마저 살짝 들었다는 점 등이다. 그러니까 이때 날 차로 중간(?)까지만 바래다준 건 날 아껴서도, 이동이 더 효율적이어서도 아니다. 그는 그냥 인터넷에서 발견한 그 팁 혹은 이야기를 실제로 한번 실행해보고 싶었을 뿐이었다…….

그 친구는 왜 이런 식의 놀이를 반복했을까? 아무래도 이게 진지한 분석에 값하는 일은 아니니 '왜'란 질문은 잠시 덮어두고 우선 두 가지의 레퍼런스를 들고 싶다. 하나는 그 친구가 직접 참조한 것, 또 하나는 그 친구가 참조하지 않았지만 내가 떠올린 것이다.

전자는 일본의 지역 방송국 중 하나인 홋카이도 텔레비전의 심야 예능 방송 〈수요일 어떻습니까(水曜どうでしょう)〉다. 정규 방송으로는 1996년부터 2002년까지 존속했으나 그 이후 재방송으로 전국으로 퍼져나가 많은 마니아를 양산해 지금까지도 해마다 제작된 특집 방송이 나온다. 프로그램은 레귤러 출연자인 배우 두 명과 목소

리로만 나오는 디렉터 두 명이 저예산으로 가혹하게 여행하는 모습을 보여준다. 여행의 포맷은 다양했는데 그중에서도 가장 재미있었던 건 주사위 여행으로, 여섯 개의 선택지가 적힌 보드에 그 시점, 그 장소에서 승차 가능한 교통기관과 행선지가 나열되어 있고, 어디로 뭘 타고 갈지는 주사위를 던져 결정하는 방식이었다. 출발지는 삿포로나 도쿄 등 다양했고 2박 3일 안에 삿포로로 다시 돌아오면 성공이었다. 보드에 적혀 있는 선택지 가운데 그들이 도착해야만 하는 삿포로와 반대 방향으로 멀어지고 이동이 고달픈, 예를 들어 다카마쓰(高松)행 야행 버스 같은 게 나오면 출연자들은 좌절하고 디렉터는 장면을 얻는다. (물론 그도 같이 이동해야 하지만······.) 그렇게 다카마쓰에 도착하면 다시 새로운 여섯 개 선택지가 제시되고 또 주사위를 굴려 다음 이동 방향과 방법을 정한다. 운 좋게 삿포로 직항이 나와 쉽게 골인하기도 하고 전국을 이동 수단 위에서만 주야장천 돌다가 기한이 다해 미션에 실패하기도 한다. 여행 프로그램이지만 특산품도, 맛집도, 관광지도, 온천도, 호텔도 나오지 않는다. 그저 보통의 여행이나 출장에서 어떤 목적지에 가기 위해 '어쩔 수 없이' 수반되는 이농의 과정만이, 그것도 주로 심야에 극도로 지친 상태로 비좁은 좌석에 끼어 이동하는 과정이 반복된다.

　　전 남자친구는 이 프로그램의 팬이었고 지겨울 정도로 이 방송을 자주 틀어놨다. 그가 가혹한 이동 그 자체를 하고 싶었을 리는 없다. 그러나 주사위 여행의 정신은 우리가 종종 함께했던 여행의 그것과 맞닿아 있었다. 그는 어디론가 떠나고 싶어 했지만 무작정 떠날 수는 없었다. 그때 그는 주사위 여행의 규칙이나 주사위의 결과처럼,

임의적이며 무작위적이지만 게임의 규칙이 되면 또 반드시 따라야 하는 뭔가를 설치하려고 했던 것 같다. 또한 그가 원했던 건 관광이라기보다는 직접 운전해 어디로 가는 것 그 자체였는데, 고속도로 요금과 주차비가 모두 비싼 일본에서는 전자가 목적, 후자가 수단이 되는 상황을 구현하는 게 상당히 돈이 드는 일이다. 그래서 그는, 말하자면 목적과 수단을 뒤집어버렸다.

  한편 레퍼런스 중 후자, 그러니까 그가 직접 참고하지 않은 것은 그와 헤어진 해에 내가 연구하던 대상과 관련된다. 나는 당시 박사논문 한 챕터에 쓸 소재로 일본의 철도 마니아들 사이에서 이루어졌던 독특한 이동의 실천에 관해 조사하고 있었다. 이름하여 '전선 주파(全線 走破)' 혹은 '완전 승차(完全 乘車)' 줄여서 '완승'이라고 불리던 것이었는데, 한 나라나 지역에서 운행하는 모든 교통 노선을 전부 다 탑승하는 여행을 가리킨다. 일본에서는 전국 철도 교통망이 국유철도 체제로 지속되었고 그것이 민영화된 이후에도 대부분의 노선이 JR(Japan Railways Group) 각 회사로 계승되었기에 '국철(이후에는 JR)의 전 노선을 주파'하는 것이 이 '완승'이란 행위의 가장 일반적인 목표로 설정되곤 했다. 전 세계적으로 누가 가장 먼저 이런 일을 떠올리고 실행에 옮겼는지는 알 수 없지만, 적어도 일본에서는 1959년에 국철 완승 달성자가 나왔다는 기록이 있다. 이후 1960~1970년대에는 새로운 노선들이 많이 개통되었고, 그것이 일단락된 1970년대 말에 꽤나 많은 완승 달성자가 나왔다. 이런 사람들 가운데는 처음부터 완승이라는 미션을 설정하고 일본 전국을 몇 개의 섹터로 나누어 계획을 세운 뒤 방학을 이용해 철저히 수행하는 타입이 많았다. 하지만 개중에는 어릴 때부터 여행을 자주 하여 이미 여러 노선을 타 왔으나 나중에야 이런 결심을 하고 남은 노선들 — 대개 환승 조건이 열악한 지방 노선들 — 을 하나씩 격파해가는 사람도 있었다. 어느 쪽이든, 결심에서 달성까지 최소 몇 년은 걸리고 돈도 많이 드는 나름 고생스러운 일이었다. 달성했다고 누가 체크해주는 것도, 알아주는 것도, 상 주는 것도 아닌 오로지 자기만족을 위한 일이었다.

결국 이것도 하나의 형식이다. 이동 그 자체를 계속하기 위한. 다만 동력 기관을 직접 운전하는 일에 집착한 전 연인과 달리 이 경우 철도 마니아답게 그들은 최대한 자주, 오래 철도의 승객이 되고자 한다. 나도 굳이 말하자면 이쪽이다. 대중교통의 '승객'은 그 노선과 시간표에 종속된다는 점 때문에 주로 부자유와 수동성으로만 상상되곤 하지만 나는 그것과 등을 맞대고 있는 자유(같은 것, 혹은 꼭 그 이름이 아니라도 좋은 것.)도 있으며 그게 박하게 평가되었다고 보는 편이다. 주차 걱정에 대한 해방, 손과 주의력의 해방 같은 것도 있지만 공공 교통기관을 이용하는 것 자체가 자가용 소유와 이용보다 이타적인 행위니까. 다만 내가 '완승'에 관심을 가진 이유는 철도에 대한 애호나 옹호 때문이라기보단 뭔가를 달성하기 위한 극도로 계획적이고 적극적인 '활동'과 결국에는 아무것도 생산하지 않고, 무엇을 위해서도 아니고, 세계를 확장하지도 않는 '무위에 가까운 행동'이 극단에서 서로 손잡고 있었기 때문이었다. 철저히 계획해서 효율적인 동선을 짜고 치밀하게 움직여야 하는 동시에 사실상 아무 곳으로도 가고 있지 않고 아무것도 하고 있지 않다는 것. 그저 계속 이동 중이며, 어디선가 내려야 하고 어디선가 타야 하는지는 모두 정해져 있지만 경로를 변경하거나 그만해도 괜찮으며 그럼에도 꿋꿋이 한다는 점. 다 했다고 누가 칭찬해주지는 않는다는 점. 그러나 내가 만족스러울 수 있다는 점. 그때 나는 인생이 종종 이렇다고 느끼고는 했다.

✶ ✶ ✶

나를 나다운 상태로 만들어주거나 쉼이 되는 구체적인 장소에 관한 글을 써야 했을 때 나는 열차에 탄 채로, 정확히는 열차가 좀 한산하고 나는 자리에 앉은 채여야 하지만, 아, 사실은 누가 운전하는 자동차의 옆자리도 괜찮기는 한데, 어쨌든 그렇게 어디론가로 이동 중인, '아직' 목적지에 도착하기 전인, 뭔가가 시작되기 전인 그런 상황을 떠올렸다. 아무것도 하고 있지는 않지만 (이동)하고 있는 그런 상태…….

　그렇지만 막상 쓰고자 하니, 여느 때처럼 도대체 어디서 어떻게 시작해야 할지 몰랐다. 초조한 마음에 책 제목에 이끌려 ― 뭐든 이제 시작할 것의 준비라고 생각하면 마음이 편하다. ― 강보원의『에세이의 준비』를 집어 들었다. 거기 이런 얘기가 나온다. "쓸 것이 하나도 없다. 하지만 써야 한다. 그런데 왜 쓰고 있는 거지? 이 '왜'라는 질문이 늘 골칫거리다."* 이 질문에 대해 가령 '순수한 즐거움'을 강

---

* 강보원,『에세이의 준비』, 민음사, 2024, 27쪽

조하는 담론이 있는데 작가는 이것이 "행위에 내재한 어떤 근본적인 이유 없음을 은폐한다."**고 비판한다. 그리고 글쓰기가 하나의 의무, 어디서 오는지 모를 의무라고 말한 푸코의 표현을 인용하며 여기서 의무라 칭해지는 건 이유 없음을 형식화해주는 개념이라고 말한다. "중요한 것은 어느 순간 글을 쓰는 사람은 스스로에게 글쓰기라는 의무를 부여하며, 그 이후로는 의무에 충실하느냐 그렇지 않느냐의 선택이 남아 있을 뿐이라는 것이다."***

아아, 레퍼런스도 있고 자신의 욕망도 물론 있지만, 위에서 자세히 예로 든 자기 목적화된 이동, 그것을 틀 짓고 그럼으로써 가능하게 하는 규칙과 형식은 자기가 만들었지만 누군가에 의해 부여되었다고 '치는' 의무와 같은 게 아닐까 생각했다. 이는 이 이동을 정처 없는 산책과 비교할 때 분명하게 나타난다.

누군가는 이것을 허위 목표, 허위 의무라고, 그것 속에서 다만 충실히 하기가 어떤 의미나 가치가 있느냐고 지탄할지도 모르며 나 스스로도 약간은 그렇게 생각한다. 하지만 대개의 일들이 그러하듯이 우리는 그것을 '하게' 되면 어느 한쪽의 의미로 환원하기 불가능한 그것이 굴러가는 감각을 꽤 다양하게 얻을 수 있다. 그것은 무의미다, 였던 것이 그것은 무의미를 한 번 해보게 한다, 로 미끄러져 내려가고 다시 한 바퀴 조금 돌더니 무의미를 있게 하는 뼈대 같은 건

** 같은 책, 30쪽
*** 같은 책, 30쪽

어떻게 생겼는지 만져보게 한다. 그러다가 심오하진 않지만 이유라든가 의미 같은 것이 만져지기도 한다. 그건 또 그것대로 자연스러운 일이다. 중요한 건 완전무결한 의미(혹은 무의미), 작위(혹은 무위)를 달성하는 것이 아니라 그것을 움직이며 빛깔과 질감이 변화하는 것으로 가지고 놀아보는 일이다.

인류학자 팀 잉골드는 『라인스』에서 살아 있는 존재의 여행을 '행로(wayfaring)'와 '운송(transport)'이라는 대비되는 두 개념을 들어 설명했다. 세계를 동적인 만들기의 과정으로 사유하는 이 책에는 두 가지 서로 다른 종류의 '선(line)'이 등장하는데, 행로와 운송은 이 두 가지에 대응한다. 전자가 노래, 말, 뜨개질, 그림과 같은 구체적인 몸짓의 흔적들로서의 선으로 구불구불하고 엉켜 있는 모양을 하고 있다면, 후자는 그가 "점대점 연결장치(point-to-point connector)"[*]라고 부르는, 목적(지)의 덩어리로서의 점을 가로지르는 직선의 이미지를 하고 있다. 행로가 시작도 끝도 없는 계속되는 '가는 도중'이며, 그 행로에 따라 나타나는 환경에 대한 지속적인 반응이자 여행자를 포함한 세계가 지속적으로 변화하고 탄생하는 과정이라면 운송은 "사람이나 물건을 그것들의 기본적인 성질이 영향받지 않게 그대로 놔둔 채로 한 위치에서 다른 위치로 가로질러 운반하는 것"[**]이다.

[*] 팀 잉골드, 『라인스』, 김지혜 옮김, 포도밭출판사, 2024, 157쪽
[**] 같은 책, 163쪽

잉골드는 둘의 차이가 결코 기계적 수단의 사용 유무가 아니라고 말한다. 그럼에도 역시 '운송'의 알기 쉬운 예로 열차나 고속도로 이동을 떠올리지 않을 수 없다. 고속도로도 철도도 행로의 실천과는 거리가 멀고 오히려 그렇게 만들어진, 예를 들어 동물이 지나다니던 샛길들을 파괴하며 형성됐으니까. 게다가 역이나 나들목이 있고 그걸 직선으로 연결하는 이 장치들은 '점대점 연결장치'라는 개념에도 완전히 부합한다.

나는 잉골드의 개념적 구분에 반대하지 않지만, '살아지는 것'으로서의 '운송'을 남들보다 자주 체험하곤 한다. 내게 그것들은 목적지와 목적지 사이의 추상적인 통로인 동시에 언제나 구체적인 날의 구체적인 승차였다. 또한 '운송'을 구성하는 가장 중요한 요건이기도 한 목적지(점)의 존재가 희미해질 때 혹은 그 '도중'을 만들어내는 장치로 후경화될 때, 거기에서의 이동은 '운송'이면서 동시에 '행로'는 아닌 방식으로 '운송'을 넘어서는 무언가를 실험하고 있었다. 여기에 쓴 것은 그와 관련된 이야기 중 하나이며 세계적으로는 코로나 때이기도 하고 개인적으로는 과정 중의 과정, 박사 과정 때이기도 했던, 특히나 갈 곳을 잃었다고 자주 느끼던 시기의 어떤 여행들의 기억이기도 하다.

조물(造物)이라는 종교적 아이디어 속에서
세속적 삶의 치명적 질문, '왜 살아야 하는가.'를 물으면서
그 답을 '쓰임'에서 찾고 있는 셈이다.

『기계 장치의 사랑 1, 2』『신 이야기』 '옮긴이 후기'

영감의 공간
'일'과 '쉼' 사이, 스무 명의 작업자가 아이디어와 에너지를 얻는 '바로 여기'

1판 1쇄 찍음 2025년 5월 12일
1판 1쇄 펴냄 2025년 5월 19일

지은이 김겨울 미깡 민혜원 박참새 박활성 백지혜 신동헌 안은별 연상호 원도
       윤이나 이다혜 이용재 임진아 정승민 최재혁 하완 하현 홍인혜 황의정

편집 김지향 길은수 최서영
교정교열 이희숙
디자인 김혜수
미술 이미화 김낙훈 한나은
마케팅 정대용 허진호 김채훈 홍수현 이지원 이지혜 이호정
홍보 이시윤
저작권 남유선 한문숙 김다정 송지영
제작 임지헌 김한수 임수아 권순택
관리 박경희 김지현 박성민

펴낸이 박상준
펴낸곳 세미콜론
출판등록 1997. 3. 24. (제16-1444호)
          06027 서울특별시 강남구 도산대로1길 62
대표전화 515-2000
팩시밀리 515-2007
편집부 517-4263
팩시밀리 515-2329

ISBN 979-11-94087-68-7 03810

세미콜론은 민음사 출판그룹의
만화·예술·라이프스타일 브랜드입니다.
www.semicolon.co.kr

엑스 semicolon_books
인스타그램 semicolon.books
페이스북 SemicolonBooks